应用型人才培养校企"双元"合作教材
新时代"互联网+教育"可视化教程

学慧电商系列教材——

新媒体写作与传播

主　编：周展锋　兰海洋
副主编：雷艳佳　覃思源　关佳丽
　　　　雷倩倩　李　林　王筱祺
　　　　李卉灵　包丁云　段宜衫
　　　　韩云广　何铭峰　何宗瑾

四川教育出版社
·成都·

图书在版编目（CIP）数据

新媒体写作与传播 / 周展锋, 兰海洋主编. — 成都：四川教育出版社, 2022.6

ISBN 978-7-5408-8122-1

Ⅰ.①新… Ⅱ.①周…②兰… Ⅲ.①新闻写作②新闻学—传播学 Ⅳ.①G21

中国版本图书馆CIP数据核字（2022）第090421号

新媒体写作与传播

周展锋　兰海洋◎主编

策 划 人	刘　宇
责任编辑	杨　波
封面设计	摘星创意
版式设计	摘星创意
责任校对	刘　畅
责任印制	田东洋
出版发行	四川教育出版社
地　　址	四川省成都市锦江区三色路266号新华之星A座
邮政编码	610023
网　　址	www.chuanjiaoshe.com
制　　作	四川摘星图书有限公司
印　　刷	长沙市精宏印务有限公司
版　　次	2022年7月第1版
印　　次	2022年7月第1次印刷
成品规格	210mm×285mm
印　　张	12
书　　号	ISBN 978-7-5408-8122-1
定　　价	49.80元

如发现印装质量问题，请与本社联系调换。总编室电话：（028）86365120
编辑部电话：（028）86365130

前言

一、编写背景

信息技术的发展催生了大量的新媒体平台,今时今日,微信、微博、知乎、今日头条等新媒体平台在人们的日常生活中占据了重要位置,人们通过这些平台获取资讯,开展交流,购物……新媒体写作与传播工作在企业品牌推广、产品营销、文化建设等方面的重要性日益突出,社会对新媒体写作与传播人才的需求呈不断上升趋势。

我们经过充分调研后发现:第一,在新媒体领域中,不管业态如何变化,其核心始终是"内容为王",优质内容是新媒体事业取得成功的基础;第二,市场需要大量的既熟悉新媒体写作,又掌握一定传播和运营技巧的高质量人才;第三,市场对新媒体写作与传播人才的基本需求包括掌握新媒体领域的基本规律,有充分的理论和技能准备,能够在扎实的知识基础上开展创造性的工作;第四,当前高校的新媒体教学要么片面强调理论,要么片面强调实践,培养出的学生要么实操能力弱,要么工作后劲不足;第五,市面上缺乏适合高等院校使用的、能够系统讲解新媒体基本理论和操作的新媒体写作与传播教材。在本书的编写过程中,我们坚持全面系统、重点突出、深入浅出的原则,力求把新媒体写作与传播所涉及的基本理论、写作技能与传播技巧等关键内容反映出来,争取满足"教学做合一"的要求,为教师讲授和学生学习提供便利。

二、内容介绍

为了使本书内容全面丰富,并对实践有指导作用,在撰写过程中我们十分注意吸收最新的理论知识和实践经验,努力汇集、整理和引用新的案例及数据资料,并充分融入课程思政内容,反映时代特点,力争做到理论表述准确、易于理解,实操指导清晰明了。本书以新闻传播学、心理学、社会学、管理学等学科理论为指导,紧密结合新媒体写作与传播的长期实践经验及职业教育教学特点,着重讲解了如何开展新媒体写作与传播工作。

本书共9章,遵循"新媒体内容创作—新媒体内容传播"的基本逻辑,引导读者先学习新媒体内容创作技能,包括新媒体写作的基本要求、标题写作技巧、正文创作技巧等,再学习如何将优质内容传播出去。

三、本书特色

本书的特色是博采众长,理论与实操并重,信息化资源丰富,注重思考与拓展,融入课程思政内容。

(一)博采众长

本书邀请新闻传播、经济管理、电子商务、教育技术等不同专业的教师与相关的行业、企业人士共同编撰,并参考了职业教育管理专家的意见和建议,博采众家之长。

(二)理论与实操并重

本书既讲解了新媒体写作与传播的概念和内涵,为读者夯实理论基础,又以实训任务为驱动,引导读者动手写、动手做,从而帮助读者快速掌握新媒体工作技能。

(三)信息化资源丰富

本书体例新颖,根据教学实际需要配以大量的微课和音像资料对内容进行讲解,方便教师授课,同时也有助于读者加深对本书内容的理解,读者只要使用手机扫描二维码即可观看视频内容。

扫描二维码
下载多享学APP

(四)注重思考与拓展

本书设置了大量的课堂讨论、案例、写作与传播实战训练,能够启发读者思考,使读者在思考和训练过程中提升对新媒体写作与传播工作的认识,将知识转化为技能,培养其新媒体从业思维。

（五）融入课程思政内容

本书融入了大量案例，并将社会主义核心价值观贯穿教学始终，帮助读者从案例中汲取正能量，在学习中培养"真、善、美"的价值取向。

四、编者情况

本书由周展锋、兰海洋担任主编并统筹策划，雷艳佳、覃思源、关佳丽、雷倩倩、李林、王筱祺、李卉灵、包丁云、段宜衫、韩云广、何铭峰、何宗瑾参与编写；由广西小剑和朋友们信息科技有限公司创始人韩云广根据市场需求提供编写建议，并结合市场实际对全书有关实操方面的内容进行审核；由何铭峰老师根据中、高等职业教育衔接需求提供编写建议。在本书的编写过程中，我们得到了诸多朋友的帮助，在此表示感谢。由于编写时间仓促，且新媒体行业发展日新月异，本书难免存在疏漏之处，欢迎批评指正。对本书的意见和建议，请发送至邮箱 zhouzhanfeng11@qq.com。

编 者
2021 年 7 月

目录

第一章 新媒体写作概述 / 001

一 新媒体的内涵 / 002
（一）新媒体的含义 /002
（二）常见的新媒体类型 /002
（三）新媒体的特点 /005
（四）新媒体与自媒体、社交媒体辨析 /006

二 新媒体写作的内涵 / 007
（一）新媒体写作的含义 /007
（二）新媒体写作的特点 /007
（三）新媒体写作者的岗位职责和能力要求 /009

第二章 新媒体写作准备与要求 / 012

一 明确写作目的 / 013
（一）资讯传播 /013
（二）品牌塑造 /014
（三）产品营销 /014
（四）活动告知和推广 /014
（五）建立和运营社群 /014

二 开展市场调研和分析 / 015
（一）宏观环境调研和分析 /015
（二）微观环境调研和分析 /016

三 提炼主题及挖掘卖点 / 024
（一）提炼主题 /025
（二）挖掘卖点 /026

四 新媒体写作创意思维 / 027
（一）理性创意 /027
（二）情感创意 /028
（三）审美创意 /028
（四）趣味创意 /028
（五）互动创意 /029

五 创意思维的培养 / 029
（一）头脑风暴 /029
（二）属性列举 /031
（三）组合创新 /032
（四）迂回思维 /033
（五）日常记录 /033

六 新媒体写作的基本要求 / 033
（一）语言准确、规范 /033
（二）内容定位精准 /034
（三）表现形式多样化 /034
（四）内容要有创意 /034

第三章 新媒体文案标题写作技巧 / 036

一 新媒体文案标题的作用 / 037
（一）吸引受众的注意力 /037
（二）筛选受众 /037
（三）驱使受众行动 /038

二 新媒体文案标题的提炼原则 / 039
（一）突出目标受众 /039
（二）突出受众利益 /039
（三）突出主题 /040
（四）突出情感 /041

（五）突出新鲜度 /042
　　（六）突出趣味性 /042
　　（七）突出个性语言 /043
三　新媒体文案标题的创作方法 / 043
　　（一）严肃叙述 /043
　　（二）数字入题 /044
　　（三）典型人物入题 /045
　　（四）经验入题 /046
　　（五）唤起情绪 /047
　　（六）解答困惑 /048
　　（七）提出观点 /049
　　（八）制造悬念 /049
　　（九）结合热点 /050
　　（十）警示告诫 /051
　　（十一）驱使行动 /051
　　（十二）善用修辞 /052
　　（十三）突出区别 /053
　　（十四）讲故事 /053
　　（十五）揭露真相 /054
四　避开标题创作的雷区 /054
　　（一）标题空洞无物 /054
　　（二）低俗、恶趣味 /055
　　（三）主题指向模糊 /055
　　（四）沉溺于玩文字游戏 /055
　　（五）违反法律法规 /055

第四章　新媒体文案正文创作技巧 / 057

一　新媒体文案正文的概述 / 058
　　（一）新媒体文案正文的概念 /058
　　（二）新媒体文案正文的功能 /058
二　新媒体文案正文的要素 / 059
　　（一）写作意图 /059
　　（二）佐证信息 /060
　　（三）引导信息 /060
三　新媒体文案正文写作的原则 /060
　　（一）突出中心 /061
　　（二）信息完整 /061

　　（三）语言灵活，条理清晰 /062
　　（四）真实与真诚 /062
四　新媒体文案正文的结构 / 063
　　（一）开头——承上启下 /063
　　（二）主体——呈现全部信息，说服受众 /067
　　（三）结尾——总结观点，驱使行动 /067
五　新媒体文案正文的类型 / 068
　　（一）新闻事件型 /068
　　（二）研究型 /070
　　（三）观点型 /071
　　（四）解决问题型 /072
　　（五）故事型 /073
　　（六）自我独白型 /074
　　（七）对话型 /075
　　（八）对比出新型 /076
　　（九）气氛烘托型 /077
　　（十）激发情感共鸣型 /078
六　新媒体文案正文的写作技巧 / 079
　　（一）挖掘新意，吸引眼球 /079
　　（二）幽默独特，过目不忘 /080
　　（三）结构得当，语言得体 /080
　　（四）坦诚对人，尊重受众 /080
　　（五）情感联结，建立信任 /081
　　（六）尊重规律，善借东风 /081
　　（七）注重学习，厚积薄发 /081

第五章　新媒体传播概述 / 083

一　新媒体传播的特点 / 084
　　（一）速度极快 /084
　　（二）强互动性 /084
　　（三）碎片化 /084
　　（四）大众化 /085
　　（五）社交属性 /085
二　新媒体文案传播路径 / 085
　　（一）吸引受众关注 /085
　　（二）激发受众兴趣 /086
　　（三）刺激受众欲望 /086

（四）引导受众分享 /086

三 新媒体文案传播的关键要素 / 086
　　（一）精准定位传播对象 /087
　　（二）精耕优质传播内容 /087
　　（三）精心锤炼传播语言 /087
　　（四）精细组合传播渠道 /087

四 新媒体文案传播模式 / 088
　　（一）线性模式 /088
　　（二）互动模式 /088

第六章　新媒体文案传播策划 / 090

一 新媒体传播的特性 / 091
　　（一）传播的海量性 /091
　　（二）传播的交互性 /091
　　（三）传播的多元性 /091
　　（四）传播的大众性 /092
　　（五）传播的精准性 /092
　　（六）传播的快捷性 /092

二 新媒体文案传播的策划要点 / 093
　　（一）"5W2H"分析法的由来 /093
　　（二）"5W2H"分析法的含义 /093
　　（三）"5W2H"分析法在新媒体文案传播中的应用 /094

三 新媒体传播平台的特点 / 100
　　（一）新浪微博的特点 /100
　　（二）微信公众平台的特点 /101
　　（三）直播平台的特点 /102
　　（四）知乎平台的特点 /103
　　（五）简书平台的特点 /104
　　（六）短视频平台的特点 /104

第七章　新媒体文案传播法则 / 106

一 利用人物网络传播 / 107
　　（一）新媒体时代的受众理论 /107
　　（二）构建用户画像 /110
　　（三）抓住关键人物 /110

二 利用环境影响传播 / 113
　　（一）社会环境影响 /113
　　（二）人际关系影响 /114
　　（三）利用社会环境和人际关系营造传播环境 /115

三 提升用户黏度 / 122
　　（一）用户黏度的概念 /122
　　（二）用户黏度的表现 /122
　　（三）提升用户黏度的意义 /125
　　（四）提升用户黏度的几个关键因素 /126
　　（五）提升用户黏度的技巧 /128

第八章　新媒体文案传播技巧 / 130

一 制造话题 / 131
　　（一）吐槽类话题 /133
　　（二）生活类话题 /133
　　（三）娱乐类话题 /134
　　（四）社会类话题 /134
　　（五）节假日类话题 /135
　　（六）冲突类话题 /135

二 巧用活动 / 137
　　（一）活动类型 /137
　　（二）活动实施要点 /139

三 紧抓时效 / 141
　　（一）抢占第一时间 /141
　　（二）抢占痛点时间 /141

四 调动感官 / 142
　　（一）痛点场景化 /143

（二）定制场景 /144
　　（三）体验式场景 /144
　　（四）用故事构建场景 /145
　　（五）用感官细节构建场景 /145
　　（六）用反差构建场景 /145
五　培育口碑 /146
　　（一）提升受众传播口碑的动力 /146
　　（二）活用口碑传播者身份 /148
六　互动传染 /149
　　（一）持续优化内容，抓取受众的兴趣点 /149
　　（二）打造活跃评论区，促进受众交流 /150
　　（三）回应受众行为，强化二次传播 /151
　　（四）采取灵活的互动方式，吸引受众参与 /152
七　善于借势 /152
　　（一）善于利用关键时间点 /153
　　（二）善于利用热门事件 /154
　　（三）善于利用关键人物 /155
　　（四）善于借助竞争对手的势头 /156
八　善用 IP /156
　　（一）人格化定位 /157
　　（二）赋予 IP 内涵 /157
　　（三）打造 IP 故事 /157
　　（四）坚持内容的长期输出 /158
九　"病毒式"传播 /158
　　（一）受众"病毒式"增长的要素 /159
　　（二）常见"病毒式"传播的方式 /159

十　利他驱动传播 /161
十一　全媒体矩阵传播 /162

第九章　新媒体文案传播工具 /166

一　数据搜集分析工具 /167
　　（一）运营数据统计分析工具 /167
　　（二）产业、行业数据搜集工具 /169
　　（三）文案传播检测、分析工具 /172
二　传播热点搜集与分析工具 /175
　　（一）知微事见 /175
　　（二）百度热搜 /176
三　新媒体裂变传播工具 /176
　　（一）社群裂变传播工具 /176
　　（二）微信公众号裂变传播工具 /178
　　（三）营销裂变传播工具 /178
　　（四）互动裂变传播工具 /180
　　（五）联动传播工具 /180

第一章
新媒体写作概述

学习目标

- 掌握新媒体的内涵。
- 掌握新媒体写作的内涵。

能力与思政目标

- 提高对新媒体内容的分析能力。
- 提高新媒体文案的创作能力。
- 认识到新媒体发展节奏快的特点,增强学习的主动性。

课程导入

请问你知道哪些新媒体平台?
请问你最近读过哪些新媒体文案?

一 新媒体的内涵

（一）新媒体的含义

"过去的日子很慢，车、马、邮件都慢"，大家用笔、墨、纸记录点滴生活；如今的日子很快，飞机、高铁、网络都快，大家在微信、微博、短视频等新媒体平台上分享所见所闻。新媒体平台已经成为现代人生活的重要组成部分。

认识新媒体

媒体指的是交流、传播信息的工具。四大传统媒体形式包括电视、报纸、广播、杂志。

与电视、报纸、广播、杂志四大传统意义上的媒体不同，新媒体被生动地称为"第五媒体"。它是一个相对于传统媒体而言的概念，泛指利用数字技术、网络技术、移动通信技术和智能技术，通过互联网、宽带局域网、无限通信网、卫星等渠道，以电视、电脑和移动终端作为主要输出终端，向用户提供集成信息和娱乐服务的传播形态。

（二）常见的新媒体类型

迄今为止，新媒体行业还没有一个足够明确的分类标准。本书以信息化数字技术、互联网技术和移动通信技术为标准，将新媒体划分为数字新媒体、网络新媒体和移动新媒体三种类型。

1. 数字新媒体

数字新媒体是指运用数字技术记录、处理与传播信息的媒体形态，主要包括数字电视、数字期刊、电子书等。数字技术已经被充分运用到信息的内容生产、存储、传播与接收过程中，改变了信息的传输方式，提高了信息传输质量。

数字电视是数字新媒体的典型代表之一。数字电视不仅提供了丰富的节目内容，拓宽了用户的选择范围，还提供了视频点播、远程教学、生活服务、娱乐服务、电子商务等信息服务内容。有学者认为数字电视不仅是收视中心，还是一个全息的家庭信息平台，它把电视从单向输出内容的"窗口"变成了交流互动的"窗口"。

数字期刊包括电子杂志、电子期刊、网络杂志等，指的是数字化出版的多媒体杂志，是通过网络或数字设备发行的，可以在线、离线或使用阅读器阅读的电子形式的连续出版物。它除了具有可视性、交互性、娱乐性与便捷性等特点之外，还具有低成本、订阅方便、形式活泼、内容时尚前卫等优势，因而深受广大用户青睐。

电子书是数字化的电子出版物，是对内容进行数字化生产之后，用网络数据库等电子介质储存，通过互联网、光盘或者其他方式出版和发行，并能通过特定阅读器、浏览器阅读的"书"。其具有成本低、使用方便等特点，在生产、发行和阅读方面与纸质书相比有明显优势。

2. 网络新媒体

网络新媒体是在计算机技术的支持下，以互联网为主要传播载体的媒体形态，主要包括门户网站、搜索引擎、即时通信工具、微博、网络直播、短视频等。

门户网站是大家较早认识的网络新媒体。1994年，全球第一家门户网站——雅虎诞生。随后，国内外诸多门户网站纷纷建立，如网易、搜狐、新浪等。门户网站内容广泛，服务全面，且具有强大的导航作用，为人们的学习、工作和生活带来了许多便利。

搜索引擎是为满足人们信息检索的需求而产生的，它是一种运用一定的策略在互联网上搜索信息并进行处理，最终将结果呈现给用户的技术工具。搜索引擎正朝着移动化、智能化、人性化的方向发展。高性能的搜索引擎可以充分发掘并利用网站资源为商务、教育、科技等领域提供服务，常用的搜索引擎有百度、搜狗搜索等。

即时通信工具是指可以实现直接联系和实时沟通的网络通信工具，具有实时性、交互性、通信符号多样化等特点。即时通信工具能让人与人的交流范围更广，当前已成为人们在互联网上沟通交流的主要方式。广受欢迎的即时通信工具有腾讯QQ、微信、钉钉等。

微博是一种基于用户关系进行信息分享、传播的社交网络平台。2009年8月，新浪推出新浪微博，后来还出现了腾讯微博、网易微博、搜狐微博等。

网络直播是指在现场随着事件的发生、发展进行同步制作和发布视频信息，具有双向交流性的信息网络发布方式。网络直播已经成为新媒体时代一个巨大的"风口"，典型的网络直播平台有淘宝直播、抖音直播等，网络直播的内容主要包括网络会议、游戏直播、产品推介及真人秀等，网络直播对重塑商业形态发挥着巨大的作用。

短视频即短片视频，是一种基于互联网的内容传播方式，一般是指在互联网新媒体平台上传播的时长在几秒到几分钟不等的视频。随着移动终端的普及和网络信息传播速度的提升，短视频已成为越来越多用户进行自我表达的主流形式，代表平台有抖音、快手等。

3. 移动新媒体

移动新媒体指的是基于移动通信技术，具有移动便携特性的媒体形态，主要包括手机媒体、平板媒体、移动车载媒体等。移动新媒体具有多方面的优势：一是时效性强，可实现信息即时传播与接收；二是互动性强，平台和用户可随时随地交流；三是多媒体化，丰富了信息的表现形式，提高了用户接收信息的效率。

手机媒体是人们最常用的移动新媒体形态。手机诞生之初只是一种联络工具，现在凭借其高便携性、高普及性、强时效性、强互动性、多媒体性、支付便捷性等优势，成为了人们日常生活中不可或缺的"伴侣"。我们日常浏览的手机报就是将传统报纸与手机媒体融合而成的移动新媒体形态。具体来说，把传统报纸信息进行调整编辑，整理成适合手机页面浏览的信息，再利用技术手段传输到用户的手机上，就形成了手机报。

平板媒体一般是指平板电脑。平板电脑出现后，传统媒体纷纷开始探索平板电脑的信息传播模式，把纸质媒体的信息内容与平板电脑的特质相融合，推出平板电脑版报纸、杂志等。平板电脑的阅读模式不仅能为用户提供良好的触感体验，还可以集视频、音频、图像、文字于一体，多维呈现纸质媒体内容，并且具有在线评论互动与分享传播功能，这大大提升了阅读的趣味性，满足了用户的个性化阅读需求。

移动车载媒体是以信息化数字技术、移动通信技术为支撑，通过无线数字信号传播，主要安装在公交车、地铁、火车、飞机等交通工具上，以满足移动人群收视需求的媒体形态。近年来随着互联网汽车的兴起，在人工智能及无人驾驶等技术的推动下，移动新媒体在未来可能会出现新的形态。

（三）新媒体的特点

在新媒体时代，原有的社会传播生态已发生改变，用户不再仅仅是被动的信息接收者，他们不仅可以根据自身需要去获取信息、发布信息，还可以生产信息。这是集多种优势于一身的新媒体为现代社会带来的信息变革。新媒体与传统媒体相比具有全新的特点，了解新媒体的特点能够帮助新媒体工作者更好地把握其规律，发挥新媒体的作用，为社会创造更大的价值。

1. 即时性与交互性

人们可以随时随地在网上分享信息，也可以自主选择在何时何地接收信息，还能随时随地回复信息。信息的发布者与接收者之间的沟通交流不受时间、地点的限制，具有很强的即时性、交互性。任何人都可以成为信息的生产者和发布者，这种平等的即时交流和交互传播方式大大提升了信息的传播效率。

2. 数字化与虚拟化

数字技术是一种与电子计算机相伴相生的科学技术，它是借助一定的设备将信息转化为电子计算机能识别的二进制代码后进行运算、加工、存储、传送、还原的技术。新媒体就是基于此而形成的，因此新媒体具有数字化的特点。此外，新媒体还具有虚拟化的特点，新媒体的虚拟化不单体现在信息本身的数字化虚拟上，还体现在传播关系的虚拟上。在新媒体传播的过程中，传播者与用户的角色大多数是虚拟的，这种情况下双方的真实身份信息对彼此而言都是未知的，所以建立在虚拟环境中的人际关系也有一定的虚拟性特征。这种虚拟的人际关系极大地影响着社会传统的人际关系。

3. 多媒体化

从信息传播的方式看，传统平面媒体应用图文传播信息，广播应用声音传播信息，电视应用音像传播信息，新媒体传播则呈现出了多媒体化的特点。新媒体可以将文字、图像、视频、音频等元素进行融合传播，打破了传统媒体形式单一的信息传播方式，拓展了传播内容的深度和广度。

4. 个性化与细分化

在新媒体平台上，人们可以根据自己的需求精选信息，如通过搜索引擎搜索自己感兴趣的信息，通过腾讯QQ、微信、电子邮件定制新闻资讯等。人们还可以根据自己的职业、爱好，通过手机、电脑进入不同主题的论坛、博客、直播间等平台，与不同的人群讨论共同感兴趣的话题。

5. 开放化与共享化

信息技术的发展使得信息传播的速度更快、范围更广，在此基础上形成的新媒体平台具有开放化与共享化的特点。

（四）新媒体与自媒体、社交媒体辨析

自媒体是私人化、平民化、普泛化、自主化的信息传播者，以现代化、电子化的手段，向不特定的大多数人或者特定的单个人或群体传递信息的新媒体的总称。自媒体是特殊的新媒体，自媒体对新媒体的传播者做了更严格的限定。

社交媒体是一种给予用户极大参与空间的新型媒体。整体而言，社交媒体是人们彼此之间用来分享见解、经验和观点的平台，它更强调信息在关系链间的流动。现阶段的社交媒体主要包括微博、微信、博客、论坛、播客等。比较自媒体和社交媒体的含义可知，社交媒体是一种特殊的自媒体。

二 新媒体写作的内涵

（一）新媒体写作的含义

新媒体写作是指人们在新媒体平台上从事的互动式文案创作活动。新媒体写作的门槛相对于传统媒体较低，在新媒体平台上，只要符合法律及道德伦理要求，任何人都可以写作和发布内容。在企事业单位中，与新媒体写作相关的工作岗位包括新媒体写作、内容策划编辑、内容运营等，这些岗位的主要职责是对新媒体渠道的整体内容进行规划，并对具体内容进行编辑或写作。

（二）新媒体写作的特点

1. 表现形式多样化

新媒体表现形式丰富，文字、图片、视频等多种形式能够在同一文章中同时呈现，带给用户多重感官体验。

2. 从业人员多样化

在新媒体平台上，信息发布变得方便快捷。新媒体平台的用户通过一部手机就可以进行新闻的采集、制作和发布，各行各业的人都可以成为内容的创造者和发布者，因此新媒体写作具有从业人员多样化的特点。

3. 用户定位精准化

在大数据时代，基于新媒体智能终端描绘的用户画像（如图1-1所示），使新媒体写作者可更有针对性地瞄准用户痛点，站在为用户提供价值的角度去写作。

图 1-1　用户画像分析

4. 语言网络化

网络语言是伴随着网络的发展而兴起的一种有别于传统平面媒介的语言形式。它的主要特点是形式简洁生动，容易被大众所接受，如某些拼音或英文字母的缩写、含有特定意义的数字或图片等（如图1-2所示）。新媒体写作中经常会用到网络语言。

图 1-2　2019 年度十大网络用语

第一章 新媒体写作概述

（三）新媒体写作者的岗位职责和能力要求

1. 新媒体写作者的职责

新媒体写作者主要负责平台内容的策划、写作及输出，营销活动的策划与推广，社会热点的跟踪及利用。

（1）平台内容的策划、写作及输出

第一，新媒体写作者要对自己所运营的平台的发展方向进行规划，对短期内容进行策划。因此，新媒体写作者要明确平台的长期和短期需求分别是什么，以及基于此应为用户提供什么内容，还要明确获得这些素材的途径，内容与用户需求是否匹配等问题；第二，新媒体写作者要根据策划方案进行写作并选择适当的渠道进行内容输出。

（2）营销活动的策划与推广

新媒体写作者应根据需要，在节假日等特定时间节点策划相应的营销活动并落实推广。如企业新产品发布时需开展一系列新品发布活动，新媒体写作者应思考用何种形式的活动及文案吸引目标人群的注意并使其参与，促进用户的转发，从而取得新品发布的最佳效果。

（3）社会热点的跟踪及利用

新媒体写作者应有选择地跟进、利用社会热点，以达到企业的宣传目的。社会热点分两种：一种是可预测的热点，比如重大时间节点；一种是不可预测的热点，如比赛的输赢、突发事件等。如果能及时捕获热点信息，利用热点，甚至制造热点，引导热点走向，文案就容易取得良好的传播效果。当前有许多新媒体平台提供实时热点跟踪，包括百度热搜（如图1-3所示）、微博热搜等。

图1-3 百度热搜

2. 新媒体写作者的能力要求

（1）具备良好的逻辑思维能力

新媒体写作需要良好的逻辑思维能力作为支撑，表现为新媒体写作者能够对事物进行严密地观察、比较、分析，有较强的概括力、判断力、推理力，从而使文案的观点、事实、结构做到有机统一，为用户呈现出有条理的高质量内容。

（2）具备创新思维

创新思维可以通过后天锻炼养成。新媒体写作者应注重培养自己的创新意识、创新思维和创新能力，形成以创新为立足点的文案策划与写作观。

（3）具备深厚的文字功底

不同的受众群体阅读习惯有所不同，新媒体写作者要有驾驭不同风格文字的能力，要掌握丰富的文案写作技巧。

（4）具备相关的行业背景和专业知识

新媒体写作者需具备相关的行业背景和专业知识。比如写家电宣传文案，新媒体写作者应充分了解家电行业背景、交易场景和使用场景，只有在这样的前提下，写出的文案才能体现专业水准，才能达到良好的宣传效果。

（5）具备一定的设计和审美能力

如果说好的内容是文案的灵魂，那么漂亮的外观设计就是灵魂的美丽衣裳。美观的事物总能吸引用户的眼球，在纷繁复杂的信息环境中，文案要脱颖而出需要借助漂亮的外观。多元化的信息平台提供了功能强大的编辑工具，它们可以帮助新媒体写作者对文字、图片、视频等素材进行创意设计，这就要求新媒体写作者必须具备一定的设计和审美能力，能够熟练运用编辑工具进行文案的外观设计。

（6）具备持续学习的热情

一个优秀的新媒体写作者需要掌握文学、美学、心理学、传播学及营销学等知识。新媒体写作者只有不断更新和完善自己的知识体系，拓展知识储备，才能紧跟时代潮流，创作出符合时代要求的内容。

本章小结

本章介绍了新媒体的内涵，新媒体写作的含义、特点及新媒体写作者的岗位职责和能力要求。

第一章　新媒体写作概述

思考

（1）什么是新媒体？

（2）新媒体写作具有哪些特点？

实训

请寻找一篇阅读量超过十万的新媒体文案并尝试分析这篇文案的写作特点。

第二章
新媒体写作准备与要求

📖 学习目标

- 明确新媒体写作的目的。
- 学习提炼新媒体文案的主题及卖点。
- 培养新媒体写作思维。

📖 能力与思政目标

- 掌握开展市场调研和分析的方法。
- 提高创意思维能力。
- 在新媒体写作中要遵守有关法律规定,坚持正确的价值观。

课程导入

小张到 A 企业应聘新媒体写作岗位,面试官要求小张思考并阐述如何为新媒体文案的撰写做好准备工作,小张接到题目后脑子一片空白,不知从何答起。

思考:如果你是小张,你会如何回答这个问题?

第二章　新媒体写作准备与要求

每一篇精彩的新媒体文案背后都蕴含着无数新媒体写作者的辛勤劳动，新媒体写作的工作内容包括开展前期调研，搜集数据、信息，对资料进行详尽的研究分析，撰写研究报告，明确写作的中心和要点，选择文案类型，进行文案创作与推广，等等。其中，前期的准备工作十分重要。只有前期工作做得充分，才能够明确新媒体文案的写作方向，这是新媒体文案最终取得良好的传播效果的基础。新媒体文案写作的前期准备工作包括明确写作目的、开展市场调研和分析、提炼主题及挖掘卖点等内容。

一　明确写作目的

新媒体写作的目的有：资讯传播、品牌塑造、产品营销、活动告知和推广、建立和运营社群等。写作目的通常是多重的，如一个文案可能同时具有活动推广和产品营销的目的。写作目的不同，文案写作的思路和方法也存在差异。新媒体写作者在开始创作文案前首先要明确文案写作的目的。如果是上级交代的任务，则须明确上级的意图；如果作者本身是新媒体运营者，则需要对自己的运营目标有清晰的认识，即文案写作一定要为自己的运营目标服务，运营目标和文案的写作目的应该是一致的。

新媒体写作步骤

新媒体写作的目的

（一）资讯传播

如果写作目的是资讯传播，那么新媒体文案就要告诉受众事实和真相，文案写作的重点应该是何时、何地发生了何事，还应在文案中提供数据、图片、视频等基本证据，以证明文案的真实性。

（二）品牌塑造

如果写作目的是品牌塑造，新媒体写作者就要思考如何通过新媒体文案将品牌的形象、文化内涵、价值观等要素塑造出来。同时，还要通过系列文案长期向受众宣传品牌，这样才能让受众对品牌形成深刻的印象。因此，所有的文案都要紧紧地围绕品牌的核心价值去撰写，这样才能让品牌的形象建立起来。

（三）产品营销

如果写作目的是产品营销，那么新媒体写作者就要思考如何利用新媒体文案带动产品销售。具体要思考的问题包括：该产品与受众哪些方面的需求相契合；受众在使用同类产品的过程中有何痛点；文案通过何种途径能够到达目标受众人群；文案中的销售策略是否符合受众的消费水平和消费理念；受众如何才会对文案推介的产品感兴趣。产品营销是最终目标，在实现最终目标的过程中有许多阶段性目标。如最终目标是要让受众购买一款新型产品，那阶段性目标则是让受众接受新的生活理念，让受众认可新事物。实现阶段性目标是实现最终目标的保证。

（四）活动告知和推广

如果写作目的是活动告知和推广，那么新媒体写作者应思考如何利用新媒体文案将活动的信息翔实、易懂地呈现出来，从而吸引更多的人关注和参与活动。如果宣传的是娱乐性活动，新媒体文案应写得生动有趣。娱乐性活动的文案写作应注意契合受众的兴趣，只要受众觉得该活动与自己的兴趣和关注点有关，他们很自然地就会去阅读文案。如果宣传的是严肃性活动，如培训、讲座等，新媒体文案应突出受众参加活动可能得到的收获，如参加活动可以提高人际交往能力，参加活动可以与商界人士建立联系，等等。

（五）建立和运营社群

如果写作目的是建立和运营社群，新媒体写作者的任务则是吸引受众，强化品牌与受众间的关系，最终建立一个相对稳定的、有向心力的受众群体。围绕建立和运营社群的目的，撰写新媒体文案时要关注以下几个要点：一是文案宣传的价值观要与社群成员的文化水平、经济水平、社会地位等相契合；二是文案要向受众传达社群能够为成员提供哪些服务，如提供学习资料、生活技巧、商品优惠信息等；三是新媒体写作者必须保证持续性的内容输出，经常性地提供新鲜的内容从而保证社群的活跃度。

对于新媒体写作者而言，明确写作目的十分重要，写作目的不能凭空设定，而应该依据企业自身的需要来确定，且不能损害社会利益。清晰的写作目的能够提高新媒体写作者搜集资料、分析数据、撰写文案、发布推广等工作的效率。

二 开展市场调研和分析

在明确了写作目的之后，新媒体写作者须对市场开展有针对性的调研，包括研究市场的基本情况，分析目标受众和竞争者等，以便搜集文案写作所需要的基本素材。

市场调研要求调研人员用科学的方式方法，有目的、有计划地搜集、整理、分析市场情况，明确市场需求，把握市场发展、变化趋势，从而为确定推广、营销策略提供依据。由于市场会受到政治、经济、文化等多方面的影响，所以它总是在不断发生变化，新媒体写作者必须紧跟市场变化才能够提炼出符合市场需求的文案主题。市场调研和分析的作用包括为文案写作目的的确定提供依据，为文案写作提供思路和素材，预估文案效果，等等。科学的市场调研和分析要从宏观和微观两个角度展开。

（一）宏观环境调研和分析

企业的宏观环境是指制约和影响企业经营行为的主要社会力量。企业的宏观环境受社会经济、政治、法律、文化等多方面的影响。企业无法直接控制宏观环境，它影响着企业的决策。在新媒体写作中，调研宏观环境的目的是把握新媒体文案目标受众的动态变化，如目标受众的消费水平的变化，目标受众是否开始选择替代品等。对宏观环境的分析常用PEST模型分析法，如图2-1所示。

Political（政治的）	Economic（经济的）
Social（社会的）	Technological（技术的）

图2-1 PEST模型

政治环境包括政策、法律法规等因素。要特别注意的是，新媒体文案的写作必须符合国家法律法规的基本要求，不造谣，不传谣，坚持社会主义核心价值观。

宏观经济环境包括经济结构、产业布局、资源状况、经济发展水平等因素。宏观经济环境对微观经济要素有很大的影响，因此分析经济环境对于营销类的新媒体文案写作尤为重要。

社会环境包括民族构成、文化传统、价值观、宗教信仰、教育水平及风俗习惯等因素。社会环境对个体的影响是深刻并具有稳定性的，新媒体文案写作者必须要分析受众所处的社会环境，以便选择适当的写作内容。

技术环境是指技术在社会中应用的程度。分析技术环境时须考虑新技术、新工艺、新材料的发展水平，要特别注意分析如何借助互联网技术提高新媒体文案的传播效果。

（二）微观环境调研和分析

微观环境的构成要素主要有企业自身、作者自身、目标受众、竞争对手等，微观环境和宏观环境一同影响着新媒体文案的写作。以下主要从目标受众调研和竞争对手调研两个方面进行阐述分析。

1. 目标受众调研和分析

在新媒体日益兴盛的今天，新媒体文案要想吸引受众，离不开对受众进行定性、定量分析研究。

（1）用户画像的定义

用户画像是根据用户的社会属性、生活习惯和消费行为等信息而建构出的一个标签化的用户模型。新媒体写作者可以通过建构用户画像，更好地理解用户行为、动机、个人喜好。用户画像能让新媒体写作者更加精准地确定用户群体。

用户画像的核心是标签化。新媒体写作者通过调研或信息抓取等方式收集目标用户的数据资料，根据对目标用户的行为、观点等的差异分析，将他们分为不同的类型，并从每种类型中分别抽取出典型特征，包括用户的性别、年龄、职业、兴趣爱好、消费水平等，从而构建出用户画像。

（2）用户画像的构成元素

构成用户画像的基本元素通常包括：地域、性别、收入、年龄、受教育程度、婚姻状况、职业特征、爱好、购物偏好等，如图2-2所示。

图 2-2 用户画像图解

下面针对用户画像的主要元素分别进行介绍。

① 地域：指用户所在的地理位置。不同地域的气候、文化、经济发展水平会对用户的心理和行为造成不同的影响。

例如，有调查显示，一、二线城市的居民对于新鲜事物的接受度比较高；而三、四线城市居民对于新鲜事物的接受度相对较低。

② 性别：男性用户和女性用户使用新媒体时的心理和行为上均有较大差异。

在色彩上，大部分男性偏好冷色，女性则更喜欢暖色；在情感上，偏感性的文案较受女性欢迎，男性则更喜欢偏理性的文章；在类型上，多数男性喜欢搜寻军事、科技等信息，而多数女性对时装、美容、娱乐新闻等信息更感兴趣。

③ 收入：收入是影响用户使用新媒体的动机和行为的重要因素，用户收入与他们对新媒体产品价格、服务价格的接受程度密切相关。收入水平不同的用户在浏览的网页类型和使用新媒体产品和服务上的投入往往会呈现差异。

④ 年龄：不同年龄段的用户对信息的关注点不同，在使用新媒体时会有不同的心理和行为。新媒体写作者应有针对性地发布信息，最大限度地满足不同年龄层次用户的需求。

⑤ 受教育程度：用户受教育程度不同，对信息的需求也会有所不同。受教育程度越高的用户，对信息内容的质量要求也会越高。

⑥ 职业特征：用户的职业不同，对新媒体的关注点也会有差异。构建用户画像要充分关注用户的职业特征。

构建用户画像就是为用户制定标签的过程。制定标签的重要目的之一是让新媒体写作者快速理解数据信息，方便其用计算机对数据进行处理，从而实现数据的分类统计。例如，新媒体写作者对以下数据可以做分类统计：关注游泳信息的用户有多少，这些用户中男、女比例各是多少。新媒体写作者也可以做数据挖掘工作：利用关联规则计算关注游泳信息的人通常从事什么行业，喜欢什么运动品牌；利用聚类算法分析关注游泳信息的人年龄段分布情况等。用户画像的构建可以为新媒体写作和传播工作指引方向，让新媒体写作者在确定受众对象、投放广告和平台内容的时候，能够准确抓住用户心理，释放用户需要的信息，提升满足网络营销的成效。

用户画像具有动态性和时空局限性。动态性是指用户画像的数据是时时变化的，用户画像的动态性决定了其具有时空局限性，即用户画像的数据并非适用于所有领域。因此，新媒体写作者需要设计合理的动态更新机制，以便构建更加准确的用户画像。

（3）构建用户画像的方法

要想构建出清晰、准确的用户画像，必须遵循以下原则。

① 构建用户画像要基于对真实用户的数据搜集和分析。

② 获得的用户数据必须真实，这样构建出的用户画像才能更准确地反映用户情况。

③ 确保新媒体写作者能利用用户画像进行相关的产品设计和决策。

④ 用户画像每个属性的标签数量最好控制在三个以内，以便突出用户画像的特点。

提炼用户标签是构建用户画像的重要步骤。

用户标签的提炼，实际上是围绕着"3W"原理进行的。"3W"即"Who""Where""What"。"Who"表示用户是谁，指代包括用户性别、年龄、收入、职业等信息在内的用户固定属性；"Where"表示用户获得信息的渠道及偏好，包括用户常用的网站和软件、使用频率、活跃程度、购物喜好等；"What"表示用户在做什么，指用户使用新媒体产品的场景，如用户在什么时间段内使用该新媒体产品以及使用该产品的场合等。由此，可以得出一个定义用户标签的公式。

用户标签 = 固定属性 + 信息渠道 + 使用场景

根据这个公式，总结用户固定属性、信息渠道和使用场景三个方面的关键词，就形成了一个基本的用户标签。

下面以微信平台为例，介绍如何通过大数据分析形成用户画像。

①性别属性。微信公众号的管理员登录后台后，通过左侧的数据分析栏进入"用户分析"界面，然后单击"用户属性"按钮，进入"用户属性"页面，单击"人口特征"选项就能看到用户的性别分布图。

如图 2-3 所示为某微信公众号的性别分布图。从图中可以看出，该微信公众号的男性用户和女性用户比例相同，由此，可以根据微信公众号的定位，进一步判断这样的比例是否和微信公众号的目标用户群体相匹配。

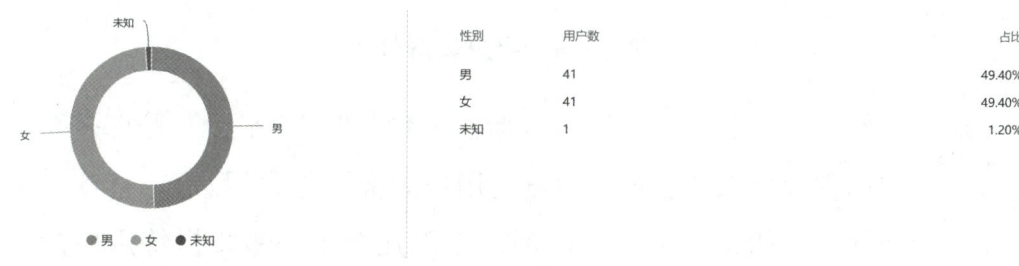

图 2-3　用户性别属性

② 语言属性。从图 2-4 中可以看出，在该公众号用户群体中，使用简体中文的用户有 81 人，还有使用未知语言的用户 2 人。

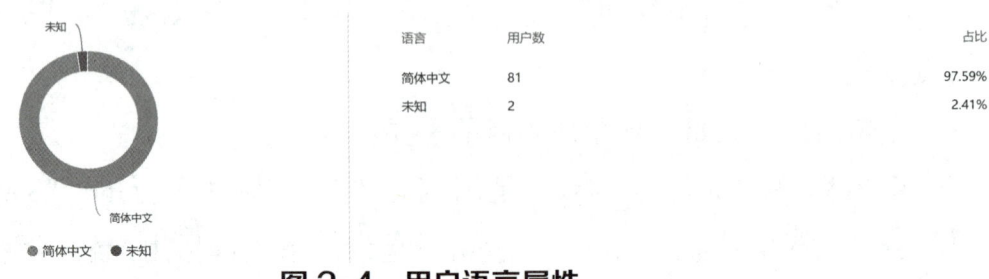

图 2-4　用户语言属性

③ 地域属性。2015 年 9 月，微信公众平台对用户的地理位置属性进行了优化，可提供平台用户的省份分布情况，为微信公众号运营者获取该数据带来了极大的便利。

省份分布数据。单击"用户数"右侧的按钮，可以对用户数据进行排序，方便微信公众号运营者了解用户的省份分布情况，如图 2-5 所示。

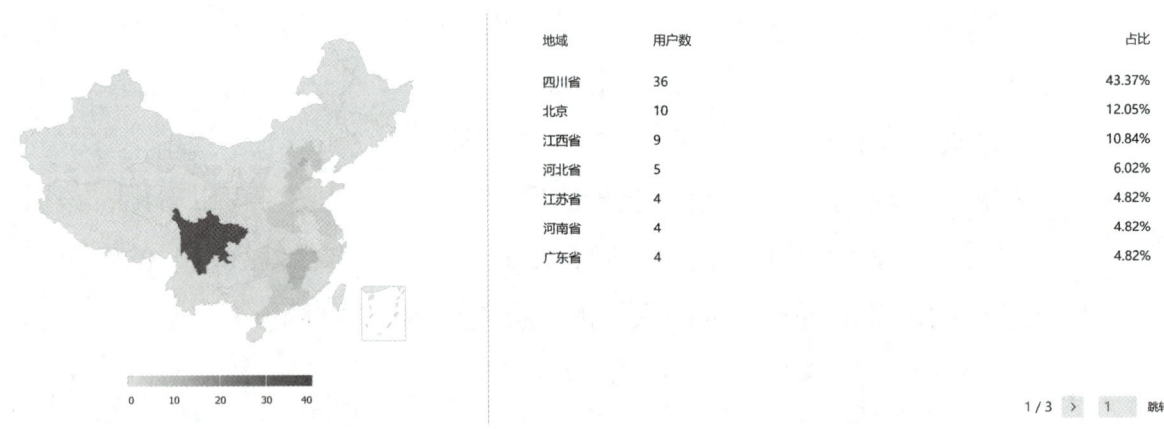

图 2-5　用户省份分布

除了微信公众平台，目前还有"新榜平台""清博平台"等许多新媒体数据平台，自媒体运营者可以结合相关数据对用户画像进行分析。

综上所述，新媒体写作者可以通过以下几个主要步骤提炼用户标签，构建并完善用户画像。

① 搜集数据。确定平台用户类型，对用户的真实数据进行搜集，做好前期准备工作。

② 分析、整理数据。对从各平台上搜集的用户数据进行分析、整理，可据此制作归类图。

③ 提炼用户标签。根据用户标签定义公式提炼用户标签。

④ 构建用户画像。使用提炼出的用户标签进行构建用户画像的工作。

⑤ 完善用户画像。在构建好的用户画像上继续添加标签，丰富和完善用户画像。

（4）用户画像使用策略

在完成用户画像后，可以通过对用户特点和需求的研究，制作具有针对性的营销策略。

以某运动产品的新媒体营销为例。它的用户画像为27到45岁，居住在二、三线城市，生活稳定，收入中等及以上，经常参加运动，对产品的品质有较高要求，经常使用网络购物的群体。根据该产品的用户特点，可以考虑同时建立产品的新媒体服务号和订阅号。

该产品的新媒体服务号的建立要遵循以下几个要点：一是在定位上，要以互动交流、产品咨询、优惠活动为主，打造具有权威性的官方公关与品牌平台；二是在页面设计上，要根据用户群体特点，设计清晰、简洁的功能界面；三是在内容上，要使用表达简洁、通俗易懂、时效性强的文案，让用户了解品牌最新动态；四是在活动运营上，要定期通过服务号发布对用户或者服务商具有足够吸引力的大事件或者大活动；五是在服务上，发布最新的、有趣的产品周边信息，为用户提供良好的购买体验。

该产品的新媒体订阅号的建立要遵循以下几个要点：一是在定位上，要以趣味内容、用户微互动为主，打造贴近用户的交流平台；二是在内容上，要以优质的资讯内容为主，根据用户的特点，提供切中用户痛点的原创或半原创内容，或借助体育类时事热点进行产品营销，或通过介绍体育文化知识，提高品牌的宣传效果；在活动上，根据用户对产品品质有较高要求且经常使用网络购物的特点，可以发布一些产品优惠活动，例如，通过关注订阅号、集赞等形式的互动活动为用户提供优惠，从而增加用户的黏度或吸引新用户的关注。

2. 竞争对手调研和分析

知己知彼，百战不殆。了解竞争对手，能够帮助新媒体写作者找到竞品差异，从而明确自身优势，更好地引导受众关注本企业的产品、服务等。调研竞争对手的方法有多种，本书重点讲解SWOT分析法和核心竞争力分析法。

新媒体写作准备——竞争对手分析

（1）SWOT分析法

SWOT分析法即态势分析法，就是将与研究对象密切相关的各种主要内部优势、劣势与外部的机会、威胁等，通过调查列举出来，并依照矩阵形式排列，然后用系统分析的思想，把各种因素相互匹配起来加以分析，从中得出一系列相应的结论。结论通常带有一定的决策性。运用这种方法，人们可以对研究对象所处的情境进行全面、系统、准确的研究，从而根据研究结果制订相应的发展战略、计划及对策等。SWOT分析法中，S（Strengths）代表优势，W（Weaknesses）代表劣势，O（Opportunities）代表机会，T（Threats）代表威胁。其中，优势分析主要分析企业自身的优势，以及自己的哪些优势是竞争对手没有的；劣势分析主要分析企业自身的缺陷，以及哪些地方竞争对手做好了而自己没有做好；机会分析主要分析企业在渠道、营销等方面存在哪些机会；威胁分析主要分析企业在其所在的市场环境及所属行业的发展等方面存在的不利因素。其中优势和劣势属于内部因素，机会和威胁属于外部因素。SWOT分析图如图2-6所示。

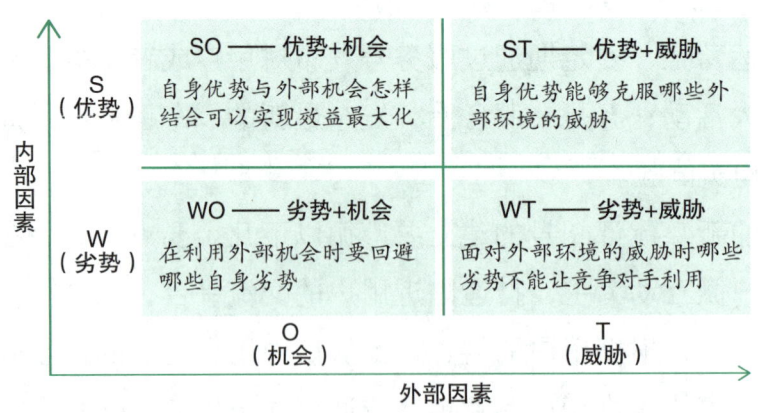

图2-6　SWOT分析图

在使用SWOT分析法对自身及竞争对手完成分析后，新媒体写作者便可以制

第二章 新媒体写作准备与要求

订相应的文案写作计划。制订计划的基本思路是：发挥优势因素，克服劣势因素，利用机会因素，化解威胁因素。

（2）核心竞争力分析法

核心竞争力是指建立在企业核心资源基础上的企业技术、产品、管理、文化等综合优势在市场上的反映，是不易被竞争对手模仿，并能够为企业带来利益的独特能力。在百花齐放的新媒体时代，企业只有具备核心竞争力，才能够获得竞争优势，持续发展。美国学者加里·哈默尔和普拉哈拉德构建了核心竞争力模型，根据该模型可知企业核心竞争力的评价标准有四个：价值性、稀缺性、难以模仿性、不可替代性。

根据核心竞争力的评价标准，人们建立了"核心竞争力与竞争优势评价表"（见表2-1）。

表2-1 核心竞争力与竞争优势评价表

价值性	稀缺性	难以模仿性	不可替代性	核心竞争力	业绩评价	竞争优势评价
低	低	低	低	无核心竞争力	低于平均回报	无竞争优势
高	低	低	低	无核心竞争力	平均回报	暂无竞争优势
高	高	低	低	无核心竞争力	高于平均回报	竞争对等
高	高	高	高	形成核心竞争力	高于平均回报	有竞争优势

在使用核心竞争力与竞争优势评价表对企业所具有的核心竞争力进行分析的基础上，企业可以进一步通过价值链分析将自己与竞争对手进行对比。价值链分析是指将企业自身的各项价值与竞争对手进行对比，找到其中的异同。它能够帮助企业分析在自己从事的所有活动中哪些活动能够为自己取得竞争优势，并能够告诉企业如何利用优势活动形成竞争优势体系。对于新媒体写作者来说，这种方法能够帮助其深入理解自身和竞争对手的情况，从而找到文案写作的突破口。比如，如果文案写作的主要目的是推介商品，那么可以将自己的商品与竞争对手的商品的价值点分别列出，在此基础上形成商品的价值链，利用价值链就能够直观地分析出自身的优势和特点。

下面以某火锅品牌为例进行价值链分析，如图 2-7 所示。横轴表示店铺形象、口味、价格、用餐体验及客户服务五个价值点，对其他高档火锅店、小型火锅店及某火锅品牌自己的五个价值点进行量化评分，并标注到坐标系中，最后将各自的五个价值点分别连成折线。结果一目了然。高档火锅店在店铺形象、口味、价格三个价值点上均得分较高；某火锅品牌在店铺形象、口味、价格三个价值点上得分低于高档火锅店，在用餐体验及客户服务两个价值点上得分高于高档火锅店；同时某火锅品牌的五个价值点得分全面高于小型火锅店。从下图可知，某火锅品牌在店铺形象、口味上与高档火锅店差距不大，用餐体验和客户服务却处于相对较高的水平。这就意味着某火锅品牌能够吸引追求高质量用餐体验和客户服务的消费者。因此，某火锅品牌新媒体文案应重点围绕重视客户体验服务这个核心竞争优势点进行创作，以达到最佳的品牌营销效果。

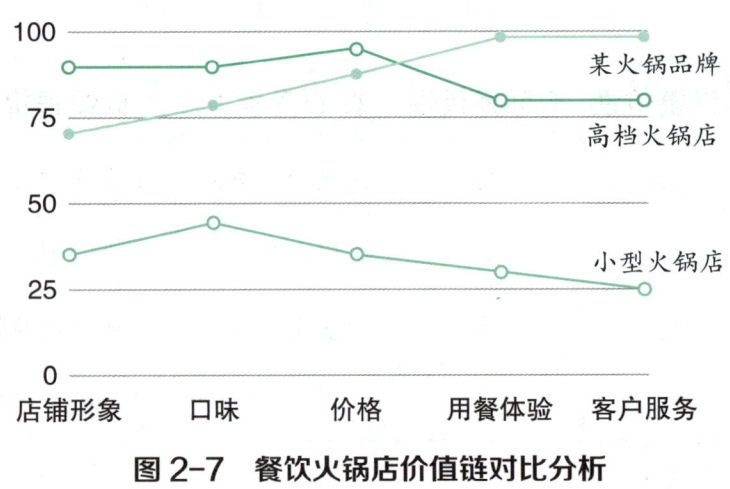

图 2-7　餐饮火锅店价值链对比分析

三　提炼主题及挖掘卖点

明确了写作目的并充分开展了调研分析之后，新媒体写作者就需要提炼文案的主题及卖点。所谓提炼主题，就是将从调研分析中得到的认识加以整理和深化，进而提炼出文案所要表达的中心思想。提炼主题的过程是从感性认识上升到理性认识的过程。例如，写作的目的是产品营销，新媒体写作者通过市场调研和分析发现产品的卖点是企业的高质量服务，那么文案主题就应与服务有关，从而使该卖点通过文案的写作与传播得到最大化呈现。

（一）提炼主题

提炼新媒体文案的主题时要注意以下几个方面。

1. 一文一中心

新媒体文案应重点阐述中心问题，要尽可能做到一文一中心，若一篇文案中有多个中心会导致受众注意力分散甚至扰乱受众的思维。新媒体写作者在面对众多调研素材的时候，可能会感到难以取舍，这时一定要敢于舍去多余的内容，并将余下的内容进行有机的归纳组合，确保文案内容层次分明、重点突出；还要做到言必及意，即保证文案所有的词句都有其作用，没有哪个句子是无意义的。

2. 客观准确

客观准确是指新媒体文案要客观反映事物的本质，不能歪曲事实，不能将受众向错误的方向引导，不能以偏概全。新媒体写作的目的多种多样，不同目的的文案在客观准确方面也有不同的侧重。若写作目的为商品营销，文案的客观准确则表现为商品规格、功能、效果等方面的准确性；若写作目的为品牌推广，文案的客观准确则应体现在对品牌的特征、文化内涵的阐述上。

3. 新颖有趣

新颖指文案要给受众新鲜感，有趣指文案要突出趣味性，吸引受众阅读。怎样才能做到新颖有趣呢？一是要善于挖掘材料，善于变换写作角度；二是要不断学习新的知识，从而拓宽写作的视野和思路；三是要激发受众的兴趣，文案主题要与受众的需求相关，让受众在阅读文案的过程中产生共鸣。

（二）挖掘卖点

任何类型的新媒体文案创作都需要挖掘写作对象的特色、卖点，并通过一定的创意手法表达出来。本节主要以营销类的文案为例，讨论如何挖掘产品卖点。

产品卖点，是指商品所具有的能够吸引消费者而易于销售的地方。20世纪50年代初，美国人罗瑟·里夫斯提出了USP（Unique Selling Proposition）理论，即"独特的销售主张"理论。罗瑟·里夫斯认为广告商应将所有的宣传都集中在一个"独特的销售主张"上，这个主张要具备以下三个要点。

第一，利益承诺。广告要强调产品有哪些具体的效用，给消费者提供一个明确的、功能性的利益承诺。

第二，独特。这一承诺必须是独一无二的，是竞争对手无法提出或没有提出的。

第三，强而有力。这一承诺必须聚焦在一个点上，能够强有力地打动和吸引消费者。

当确定了受众和竞争对手的特点，以及自身的优势以后，就可以借助USP理论对卖点进行挖掘提炼。卖点要符合受众的需求，要与竞争对手的卖点有所区别。提炼出的卖点要让受众明白，购买文案中的产品能够获得其他商家不能给予的利益。挖掘产品卖点需要注意以下五个方面。

1. 市场需求充足

市场中必须有足够数量的受众（需求者），过分狭小的目标市场将会降低产品获利的空间。目标受众必须是有购买能力的、相对集中的、容易锁定的。

2. 市场决定卖点

通常一个产品的卖点不止一个，将哪一个卖点作为核心卖点并不取决于产品自身实际功效，也不能由技术人员确定，而应按照市场需求确定。

3. 说服理由充分

消费者在看到产品核心卖点时，往往会追问一句："凭什么这么说？"在这种情况下，产品的卖点必须有充足的说服力，才能使消费者信服。支撑产品核心卖点的理由必须可信易懂，便于表达、记忆和传播。

4. 需求真实存在

产品的卖点，必须是真实存在的市场需求。这种需求最好是尚未被彻底满足的，也可以是消费者的潜在需求。

5. 特色鲜明

提炼出的产品卖点要尽量优于或有别于其他同类产品，要有自己的个性，突出自身特点。这种特色可以是能给人以美感的，可以是有寓意的，但一定要是易识别、易记忆、易传播的。

四 新媒体写作创意思维

新媒体写作者应具备五种基本的创意思维，即理性创意、情感创意、审美创意、趣味创意及互动创意。这五种创意思维是新媒体写作者创作出优秀文案作品的必要条件。

新媒体写作创意思维

（一）理性创意

理性创意指文案通过说明或者证明的方式传达写作者的观点以及产品或服务的性能、质量、价格等信息。它的特点是能够直接和具体地传达信息。具备理性创意的文案可分为两种类型：一种是单纯的说明性文案，即告知受众产品或服务的基本信息，如手机的软硬件参数；另一种是在说明的基础上，进一步摆事实、讲道理，通过科学理论、案例、数据等证明该说明的真实性和可靠性的文案。例如，先说明手机的摄像能力突出，随后通过实拍照片进行证明。需要注意的是，具备理性创意的文案应包含明确的主张，且这种主张应该是独特的。这类文案可以采用对比、列数据、引用科学理论或名人名言这三种基本方法来说服目标受众。

(二) 情感创意

情感创意指在文案中表达某种情感，从而对受众的心理产生影响，带给受众情绪上的满足，使受众对文案中的观点、产品、服务等产生好感。情感真挚的文案能够唤起受众内心深处的情感，让受众感受到该企业、品牌的温度。爱国情、民族情、乡情、亲情、爱情、友情等是人们拥有的基本情感，文案要善于结合节日或者热点事件去表达这些情感，且表达要真挚，切勿虚情假意。例如，在中秋节、春节撰写关于亲情的文案，在情人节撰写关于爱情的文案。

(三) 审美创意

品牌形象论认为广告要力图使品牌具有并且维持一个好的品牌形象。塑造良好的品牌形象很重要。美是品牌形象的核心。新媒体文案比传统广告拥有更广阔的表现美的空间，新媒体文案可以通过描述自然风光、生活场景、人文历史、思想状态等内容，给受众以美的感受，启发受众思考，这种愉悦的感受会促使他们认可品牌和产品，新媒体写作者表现产品或塑造品牌的目的由此得以实现。美的类型有多种，一是自然美，自然美是现实中最常见的一种美，能够激发人们的内在情绪。如果文案以旅行为主题，则要善于展示旅游胜地的自然美；二是产品美，产品本身、包装等都是美的载体。如果文案用于推介食品，则应将食品当成美的载体，善用通感的修辞手法来表现食品的色、香、味，从而充分激发受众的多重感受；三是人体美，指人的形体、容貌的美，以美容、护肤、健康等为主题的文案常涉及这类内容。如果文案和健身有关，那么文案中可以展现优美的形体和充满活力的体态；四是人格美，人格美指的是思想、品格的美，自信、独立、勇敢等都是人格美的体现。如果文案要讲述人物的奋斗史，那么字里行间可以充分体现人物的人格美。

(四) 趣味创意

趣味创意指以轻松有趣的方式传播产品或品牌信息，吸引受众的注意，让受众在愉悦的情感体验中加深对品牌的印象，增加对品牌的好感。幽默能够给受众带来快乐，缩短产品或品牌与受众间的距离，减轻受众的戒备心理。幽默的手法有夸张、拟人、反转等。在文案创作中运用夸张的手法可以激发受众的兴趣，吸引受众的注意。拟人的手法能够把枯燥、抽象的内容表现得生动形象，增强文案的感染力。反转的手法就是不按一贯的逻辑去安排情节，结局往往出人意料。

（五）互动创意

新媒体的优势之一就是互动性强，新媒体的受众不再单向地接受信息，而是主动地参与到文案创作中去。新媒体平台的互动可以分为思维互动和行为互动。常见的评论、讨论都是思维互动，抽奖、分享、游戏等活动是行为互动。需要注意的是，互动的方式和步骤要简单，太复杂难以吸引受众参与；设计互动内容时要充分考虑受众的感受，听取受众的意见；互动方式要契合受众的特点；要善于结合传统媒体与新媒体的优势展开互动。

五 创意思维的培养

长年累月伏案创作的人难免会感到灵感枯竭。不管是提炼主题还是进行正文的创作，都需要创意。以上列举的五种创意思维可以为新媒体写作者提供创意的方向，而具体的个案创意决定了文案能否脱颖而出。新媒体写作者的创意思维能力可以通过培养和训练不断提高。当前培养创意思维的方法有多种。

（一）头脑风暴

头脑风暴指的是无限制地展开自由联想和开放式讨论，目的在于激发写作者的新观念和新思想。头脑风暴发展到现在，已经成为一种比较成熟的创意思维的培养方法。头脑风暴可以分为个人头脑风暴与群体头脑风暴，早期的观点认为群体头脑风暴绝对有利于激发个人的想象力和创造力，但后期心理学家研究发现群体头脑风暴中存在的群体压力与从众心理会导致个人因害怕犯错而不敢表达自己的观点。群体头脑风暴甚至存在扼杀个体创造力的可能。因此，有学者建议进行头脑风暴时，应遵循先个人头脑风暴后群体头脑风暴的顺序，确保个人已经进行了充分的思考后再加入群体讨论。

1. 个人头脑风暴

进行个人头脑风暴时，首先要让自己放松下来，可以尝试通过深呼吸以及听舒缓音乐等方式获得轻松的心境，随后可以随意地浏览书籍、新闻，绘制自由联想图，从而激发自由联想，在这个过程中不需要刻意深入地进行理性思考，不管产生多么滑稽和荒谬的想法，只需要将其记录下来即可，此时追求的是创意的数量。当头脑风暴暂停，且所有的想法都被记录下来之后，写作者才需要审视所有的想法，将所有的想法整理归类，并思考每种想法的可行性。

个人头脑风暴中常用的思考方法是发散思维法。新媒体写作者可以利用树状图来完成思维的发散。这种方法适用于基础信息较为明确的情形。例如，在面对确定的要求时，新媒体写作者可以尝试画树状图来表现要点。最简单的训练发散思维的方法就是用多个形容词形容同一种事物。比如用30个形容词形容苹果，每个形容词要突出苹果的不同特征，你想到的形容词越多，意味着你的想象力越丰富，思维越活跃。同样地，对于一篇文案，每次要求自己想出10个不同的写作角度，久而久之，自己发散思维的能力就能得到提高，个人头脑风暴的效果也会显著提升。

案例 2-1

番茄酱是很受日本人欢迎的一种调味料，日本制作番茄酱的公司之间的竞争非常激烈，可果美和森永是其中的代表。长期以来，可果美番茄酱的销量一直是森永的两倍。森永的番茄酱质量和可果美的差不多，森永的番茄酱广告甚至比可果美做得好，可是销量却一直输给可果美，森永的老板百思不得其解。后来他发动全公司的员工分析原因并出谋划策。

一个多月后，公司收到了几百份建议书，其中一份建议：把番茄酱的瓶口改大，让大汤匙可以伸进去掏。结果就是这个奇招使森永的番茄酱销量急剧增加，不到半年就超过了可果美，一年后便占领了日本大部分市场。

第二章　新媒体写作准备与要求

> 为什么情况一下子就改变了呢？原来日本所有制作番茄酱的公司装番茄酱的瓶子都是一样的，瓶口小，消费者要使用时必须倒转瓶身，番茄酱才会慢慢流出来，这样的瓶子使用起来有点儿费劲。把瓶口改大后，消费者可以用汤匙掏，比较方便，因此森永的番茄酱销量得以剧增。

这个案例中出奇招的员工正是采用了发散思维的方法。通过瓶子可以联想到瓶盖、瓶口、标签、容量等，如图2-8所示。

图2-8　由瓶子可以联想到的内容

2. 群体头脑风暴

群体头脑风暴常以会议的方式进行，来自不同行业、部门的个人一起进行观点的碰撞，能够有效地激发参会人员的灵感。会议的人数以5～10人为宜。人数过多容易对个人造成群体压力，也会导致个人的发言机会不足；人数过少可能导致气氛沉闷，观点碰撞的频次过低。会议时间一般以1个小时为宜，以防止与会人员感到疲劳。为了保证与会人员能够畅所欲言，互相启发和激励，群体头脑风暴会议应严格遵循以下会议原则：第一，围绕目标开展讨论，创意想法的数量越多越好；第二，禁止批评，不能干预他人发表想法；第三，鼓励观点的碰撞，与会人员可以借鉴他人的创意，从而改善自己的创意，或者帮助他人完善创意，也可综合大家的创意形成新的创意；第四，与会人员一律平等，不能够出现以地位、权力等攫取话语权的现象，每个人均有发表意见的权利；第五，与会人员要独立思考，不能私下交流，避免干扰他人；第六，鼓励形成多发言、多讨论的自由风气；第七，鼓励所有人发挥创造力，不强调个人的贡献，注重集体的贡献。

（二）属性列举

属性列举是美国布拉斯加大学教授R·克劳福特总结出来的一种创新技法。克劳福特认为，每个事物都是从另外的事物中产生并发展而来的。平常的创新都是对旧物改造的结果，所改造的主要方面是事物的特性。属性列举就是首先对需革新、改进的对象作深入细致的观察、分析，最大可能地列举该事物的各种不同特征或属性，然后确定应该改善的方向及实施方法。

案例2-2

日本心理学家上野阳一把事物的属性分为三类：名词类属性，如部件、材料、制造方法等；形容词类属性，如性质、状态等；动词类属性，如功能等。按照这一分类方法，我们以眼镜设计为例来分析。

首先，眼镜的名词类属性包括部件（镜片、镜框、螺丝等）、材料（玻璃、塑料、金属等）、制造方法（焊接、注塑、研磨、组装等）；其次，形容词类属性包括性质（轻的、重的、看得清楚的、看不清楚的等）、状态（镜框易变形、镜框易脏等）等；最后，动词类属性包括功能（视力矫正、作为装饰品等）等。

这样把事物的属性分类列举，事物的问题、改善方法便一目了然。例如：以状态属性来举例，可以针对"镜框易变形"这一问题进行讨论，如可否使用形状记忆合金使镜框自动复位；再针对"镜框易脏"这个问题，可以讨论是否可以采用抗菌材料。

（三）组合创新

世界上的许多事物都是由不同要素有机组合在一起形成的创新之作，例如，闹钟结合了时钟和警铃的要素，传真机结合了电话和复印机的要素。已有要素是受众熟悉的、易接受的，而新的组合能够让受众觉得耳目一新。新媒体写作者可以把旧事物分解成不同的要素，并将这些要素有机组合，形成优秀的创意。组合要素的方式通常有以下四种。

方式一：主体附加。以某种事物为主体，为其添加新的属性和功能。

方式二：异类组合。将两种或两种以上不同种类的事物组合起来，产生新的事物，参与组合的事物间没有明显的主次之分。

方式三：同类组合。将若干种类相同或相近的事物组合起来，形成新的形态。

方式四：重组组合。将原事物分解成若干组成部分，再用新的创意将其重新组合起来，达到使事物的功能和性质发生变化的目的。

（四）迂回思维

迂回思维指的是当解决某个问题的思考活动遇到了难以消除的障碍时，谋求避开或越过障碍而解决问题的思维方法。新媒体写作者要敢于突破经验思维的束缚，从不同角度思考问题，树立新思想，创立新形象。

（五）日常记录

创意离不开日常的积累，深厚的积累是创意产生的基础。新媒体写作者要培养日常记录的习惯，善于将看到、听到的各种新颖、有趣的想法和做法及时记录下来，可以记录在纸上，也可以记录在手机、电脑上。日积月累记录下来的内容会为新媒体写作者提供灵感，是新媒体写作者的宝贵财富。

六 新媒体写作的基本要求

在正式开始撰写新媒体文案之前，新媒体写作者要先理解新媒体写作的基本要求。理解写作的基本要求有助于新媒体写作者把握写作的方向，提高写作的效率。新媒体写作的基本要求包含以下四点内容。

（一）语言准确、规范

新媒体文案要想在信息的海洋中脱颖而出，得到大众的认可，首先要注意语言的准确和规范。文案要避免出现语法错误或者表述不当的问题，避免引起歧义。文案使用的文字要准确无误，文案的表达方式要符合大众的语言习惯。在词语的使用上，要以通俗化、大众化的词语为主，尽量避免使用生僻的词语和过于专业的术语。准确和规范的语言能够促进文案的有效传播。

（二）内容定位精准

精准的内容定位也是新媒体写作的基本要求之一。精准定位内容的目的是使文案能够最大程度上满足受众的现实需求，并吸引潜在受众。新媒体写作者要想精准定位内容，须站在受众的角度进行换位思考，选择受众会感兴趣的内容在文案中呈现，文案中的表述要简单明了，用尽可能简洁的文字表达出文案的精髓，保证信息传播的有效性。

（三）表现形式多样化

对于新媒体文案来说，虽然文字是核心，但是搭配多样化的表现形式，如图片、视频等，可以吸引受众的注意力，激发受众的阅读兴趣。

（四）内容要有创意

创意对于任何行业的新媒体文案都十分重要。在网络信息过剩的当下，只有创意突出的内容才能够脱颖而出，获得更多的关注。创意是为文案主题服务的，文案中的创意必须从主题出发，不生搬硬套。

本章小结

本章主要介绍了新媒体写作的目的，开展市场调研和分析的方法，提炼文案主题及挖掘卖点的要求，新媒体写作创意思维及新媒体写作的基本要求等内容。通过学习本章内容，读者能够进一步了解在开展新媒体写作前需要做好哪些准备，有助于其形成良好的新媒体写作习惯。

第二章　新媒体写作准备与要求

思考

（1）新媒体写作有哪些目的？
（2）开始新媒体写作前应如何开展市场调研？
（3）新媒体写作应如何提炼主题？
（4）新媒体写作者应具备哪些创意思维？
（5）培养创意思维都有哪些方法？
（6）新媒体写作有哪些基本要求？

实训

假设你要为某种精准扶贫的农产品撰写一篇新媒体营销文案，请问你该做哪些准备？

第三章
新媒体文案标题写作技巧

学习目标

- 掌握新媒体文案标题的作用及提炼原则。
- 学习新媒体文案标题的创作方法。

能力与思政目标

- 提高对新媒体文案标题的分析能力。
- 提高新媒体文案标题创作能力。
- 文案标题创作要求实求真,不虚假浮夸。

课程导入

小张在新媒体写作岗位就职后开始了认真的学习和工作。某天,部门负责人指出小张创作的新媒体文案标题缺乏创意,要求小张搜集一些阅读量较高的文案,学习这些文案的标题写作技巧。于是小张找了下面这些文案。

《年轻人,我奉劝你远离这些东西》
《我为什么建议你留在北上广深?一个8年北漂的4点思考》
《人与人的差距,是怎样一步步被拉开的?》
《别让情绪拉低你的生活层次》
《读大学到底有什么用?》

思考:你认为以上新媒体文案标题有何特点?

一 新媒体文案标题的作用

近年来，随着智能手机的普及，互联网已经取代传统媒体成为信息传播的主要渠道。"刷"手机已成为人们的一种生活常态。互联网时代，巨量的信息分散了人们的注意力。如何让新媒体文案在巨量的信息中脱颖而出，牢牢吸引受众的注意力，引导受众点击阅读，最终实现变现呢？文案的标题在此过程中发挥着十分重要的作用。

（一）吸引受众的注意力

无论新媒体文案的插图多么精彩，标题都是决定文案能否吸引受众注意力的关键。大多数受众读过标题后，便会根据对其的兴趣程度来决定是否继续读下去。标题在文案中可起到提纲挈领的作用，大多数受众只看文案标题，不看内文。受众是否阅读内文，往往取决于标题是否能够引起受众的注意力与激发他们的阅读兴趣。

案例 3-1

《这地明确：外地毕业生来求职包住一年》

案例点评： 此标题明确某地对大学毕业生异地就业的福利政策，对于毕业生而言有很强的吸引力，充分激发了他们阅读内文的兴趣。

（二）筛选受众

文案标题通常能够言简意赅地表达文案的核心内容，人们在接触标题的一瞬间就可以分辨文案内容是否与自己相关，决定是否继续往下阅读。这个过程就是筛选受众的过程。每一篇文案都有相应的目标受众，文案的标题要能够引起目标受众的阅读欲望，迅速唤起他们的共鸣，与他们保持观点、态度上的一致，从而实现筛选受众的目的。

案例 3-2

青年破晓，在 2021

不久前，一年一度的研究生考试落下了帷幕。对很多人来说，这场考试，是他们人生的又一重大转折点。

越来越多的年轻人想通过更高的学历证明自己。即使辛苦，他们也仍然无怨无悔。

这是一种向上的力量，也是当代青年状态的缩影。

2020 年即将过去，这一年里，我们看到了无数年轻人的力量和成长。他们充满了朝气，就像冉冉升起的太阳。我们把日出的一刹那称为破晓。在这时，人们习惯许愿，习惯回顾，习惯展望。2021 年的破晓，应该要如何开始？

案例点评：该标题的目标受众是青年，对于青年而言，他们自然关注与他们自身息息相关的文案。

（三）驱使受众行动

文案标题是产品、服务销售的手段和工具：先说服受众接受文案的观点，进而实现产品、服务的销售。因此，文案标题要有感染力和驱动力，促使受众阅读标题之后能够产生购买行为。

案例 3-3

开春，露营去！

森林漫步，慢跑骑行，

手拿一杯咖啡晒太阳看日落。

找个青山绿水的地方，

享受自然赐予我们的美好。

有什么烦恼，是一顶帐篷、

一片美景解决不了的呢？

……

案例点评：标题直截了当地告知受众春天来了，该去露营了，根本目的是引导受众购买露营产品。

二 新媒体文案标题的提炼原则

（一）突出目标受众

吸引、说服受众是新媒体文案的最终目标。标题作为信息的重要载体，需发挥吸引目标受众的基本作用。新媒体写作者在撰写文案标题时，必须充分考虑产品定位、服务对象、语言形式等，使标题内容能够精准抵达目标受众。

新媒体文案标题写作技巧

案例 3-4

《孩子犯错后，高情商的父母这么做》

案例点评：标题突出了文案的目标受众是父母。

案例 3-5

《教你一个拒绝喝酒的理由》

案例点评：标题突出的目标受众是需要拒绝喝酒的人。

（二）突出受众利益

在标题中突出受众的利益并给予其一定的承诺，能够激起受众的兴趣，强化受众深入了解内容的动机。在标题中可以给予消费者直接承诺或间接承诺。直接承诺即直接告诉受众可以得到好处，间接承诺是暗示受众可以得到好处。需要注意的是，承诺须适度，不能随意、夸张。

案例 3-6

《如何做出一份能赚钱的PPT》

案例点评：此标题承诺的是该文案将提供PPT的制作技术。

案例 3-7

《任性起来拦不住，10000 套 PPT 模板送给你》

案例点评：此标题承诺的是该文案将赠送 PPT 模板。

案例 3-8

《从英语小白到英语达人，她只用了这一个方法》

案例点评：此标题承诺的是该文案将提供学习英语的方法。

这些标题的共同特点是承诺受众可以从文案中得到利益。

（三）突出主题

文案标题应简洁有力，指向明确，重点突出。一般情况下一个标题应只表现一个主题，切忌追求大而全，避免分散受众的注意力，增加受众的思考负担。

案例 3-9

《坚定中医药自信，发展中医药事业》

案例点评：标题的主题是发展中医药。

案例 3-10

《震撼，刚刚史上最强房地产调控来了，这可能是一次历史大转折》

案例点评：标题的主题是房地产调控问题。

案例 3-11

《第七次全国人口普查结果公布！》

案例点评：标题的主题是全国人口问题。

(四)突出情感

情感是文学作品永恒的主题,古今中外许多作品皆因情深意切而闻名。爱情、亲情、友情、乡情等是人类最基本的情感,在标题中突出人类的基本情感诉求,更容易引起受众的共鸣。

对年长的人而言,怀旧是一个挥之不去的情结。往事和故友总会在他们的心头萦回,因此,过去的事物特别能够唤起他们的怀旧之情。

对青年人而言,爱情是一个永恒的话题。两性关系、情感纠纷等都是他们永不过时的讨论热点,有关这些热点的观点多样、趣味性强,很容易引发受众的阅读兴趣。

在社会关系中,亲属关系是一种强关系。虽然每个家庭都会有自己的相处模式,但亲情永远不会变化。

友情也是美好的情感之一,人生在世会结交许多朋友,朋友之间产生的情感多种多样,有同甘共苦之情,有同舟共济之情。无论哪一种友情,都可以在文案标题中进行突出,从而引起受众的共鸣。

案例 3-12

《那些年妈妈说过的话,长大后我终于懂了》

案例点评:此标题能让受众第一时间想到妈妈对自己说过的话,吸引受众阅读内文。

案例 3-13

《时间带不走真正的朋友》

案例点评:此标题会让受众联想到朋友一直以来的陪伴与理解。

案例 3-14

《不要冷落了心里有你的人》

案例点评:标题会让受众想到身边对自己好的人,受众心里会泛起一些温情。

（五）突出新鲜度

互联网上的信息量大，信息更新密集，网络热点话题来得快也去得快。能够在网络上流行起来的内容通常契合了用户某一方面的兴趣，所以文案写作者在进行标题创作的时候要善于套用热点话题，从标题中体现文案内容的新鲜度，提高受众对文案的关注度。

案例 3-15

《9组重要数据，读懂中国人口变化》

案例点评： 2021年，第七次全国人口普查结果公布。该标题表明这篇文章是围绕人口问题这一热点进行解读的。

（六）突出趣味性

平铺直叙的写作手法能够客观地描述事物，但无法充分地吸引受众的注意力，无法引起受众的好奇心。进行文案标题创作时应善于使用比喻、双关、夸张、对比、反语、反问等手法，使标题充满趣味性，灵动活泼，甚至使标题产生让人愿意反复咀嚼的效果。

案例 3-16

《东风快递，5秒送达！》

案例点评： 标题将东风-413单道导弹比喻为快递，别出心裁。

案例 3-17

《路见不"平"，外卖小哥顺便帮开了会儿挖掘机！网友：外卖界简直藏龙卧虎》

案例点评： 标题化用"路见不平"这个成语，引出外卖小哥开挖掘机的趣事。

(七）突出个性语言

新媒体文案的受众以年轻人为主，年轻人追求个性化的自我表现，好的标题要迎合年轻人的个性化喜好。文案经过个性化处理之后能够彰显其独特性，变成受众想表达、想倾诉的内容，从而实现内容和受众的强关联。

案例 3-18

《确认过眼神，这就是今年夏天最美的脸》

案例点评："确认过眼神"是《醉赤壁》的歌词，这句歌词在 2018 年成为了流行语，许多人使用这句歌词来表达"确定""经过鉴定"等意。文案将这句歌词作为标题，既有创意，又符合受众的语言习惯。

案例 3-19

《我扛过了生活的高压，却没扛过生活的高温》

案例点评：标题前后句式相似，使用转折手法发泄情绪，幽默有趣。

三 新媒体文案标题的创作方法

标题是文案的重要部分。如果标题缺乏吸引力，受众则难以有兴趣进一步阅读文章。下面一起来了解文案标题的创作方法。

（一）严肃叙述

严肃叙述的标题通常规规矩矩、一本正经地交代时间、地点、人物、事件等基本要素。这种类型的标题通常具有权威性、可靠性，给人以可信赖感，在官方发布的文案中较为常见。标题可以分为单一式标题和复合式标题。单一式标题的基本格式为"时间＋事件（人物）＋地点"；复合式标题则分为主标题和副标题两部分，主标题交代文案内容和意义，副标题交代时间、地点等基本要素。

案例 3-20

全国现代学徒制试点工作培训班相继在云南昆明开班

2018年4月14日—16日,由全国现代学徒制工作专家指导委员会(简称"专委会")主办,有色金属工业人才中心承办的全国现代学徒制试点工作培训班(第四期、第五期)在云南昆明举办。来自政府、行业、企业和学校的112家试点单位及103家非试点单位共计600多名学员参加培训。

……

案例点评: 该文案由中国高职高专教育网发布,标题简要交代了事件和地点两个基本要素,起到了传达信息的作用。

(二)数字入题

数字入题即在标题中体现文案中的关键数字。第一类数字是表示文中要点数量的数字,这类数字的作用是明确告知受众能得到多少收益,如"5种学习技巧让你的学习更轻松",或者暗示受众可花费较少的精力得到较大的收获,如"只需3个步骤,就能去除冰箱异味";第二类数字是具有冲击力、感染力的数字,这类数字往往出乎受众意料,会使受众产生震撼,如灾难中的死伤人数;第三类数字是绝对数,可引发从众行为,如"全世界已经有数千万人使用电动牙刷"。从众心理是社会心理学领域研究的一个重点问题,指个体因受到群体压力,采取与群体一致的态度和行为的现象。可以引发从众行为的标题主要对易受群体行为影响的受众发生作用。如"20条养生常识,照做的2亿人都延年益寿了""10万小伙伴已经报名学习了,你还不快点上车",这种类型的标题非常容易引发受众的从众行为。总的来说,关键数字能够引起受众的注意,并帮助受众把握文章的重点。

标题写作技巧之数字入题

案例 3-21

知乎13万赞:你有什么道理后悔没有早点知道

到底是什么东西,
让一些学生时代看起来特别优秀的人,后来成了特别平凡的人;
而又让那时候看起来平平无奇的一些人,

后来做出了一些似乎超越了他水平的事情？

如果要问在截至目前的人生里，有什么事情是我认为最重要的，我的回答是：人的生活就像投资品价值一样，是存在均值回归的。

……

案例点评：个体都有从众心理，看到这个标题后，读者自然想知道究竟是什么内容能得到13万人的认可。

（三）典型人物入题

人类的思维途径包括外周思维途径和中心思维途径。外周思维途径指的是通过借鉴其他人的经验和外部线索来调整自己的行为，如专家经验、朋友经历等；中心思维途径指通过严谨的论证去证实观点并实施行为。如当人们想知道维生素C是否具有美白功能时，会看看其他人吃了维生素C是否变白了，如果是的话，人们就会认为维生素C对美白是有用的，这就是外周思维途径；如果人们去查阅文献，查阅实验结果，寻找证据，根据各种科学证据得出结论，这就是中心思维途径。显而易见，外周思维途径的效率高且耗费精力少，但认知容易与事实产生偏差；中心思维途径的效率低且耗费精力多，但准确度高。虽然中心思维途径可靠性更强，但在互联网信息泛滥的背景下，绝大多数人会采取外周思维途径，因为它能够帮助我们提高分辨信息和认识世界的效率。

标题写作技巧之典型人物入题

典型人物入题是指将家喻户晓的名人或有权威性的人物的姓名、职务等写在标题中。标题中的名人或权威人物可引导受众产生"人家可以这么做，那么我也可以这么做"的心理，因此，典型人物入题符合习惯使用外周思维途径的一般受众的心理，能够提高受众对文案内容的信任感，提高受众阅读文案正文的概率。

案例 3-22

房价还要再涨？央行行长浇了一盆冷水！

在博鳌亚洲论坛"货币政策的正常化"分论坛上，履新一个多月的央行行长易纲发表了重要讲话……

案例点评：央行行长系经济领域的权威人物，其在公开场合发表的正式讲话，有数据、政策支撑，因此其提出的观点自然引人注目。

（四）经验入题

经验可分为直接经验和间接经验。"吾生也有涯，而知也无涯"，我们大部分时候都是在学习间接经验，课本知识、风俗习惯等都属于间接经验。我们对间接经验是有偏好的，因为间接经验能够帮助我们提高办事效率。受众在浏览海量信息时，通常会筛选出自己感兴趣的、对自己有用的信息，希望通过学习某一方面的经验提高某一方面的能力，解决某一方面的问题，因此，强调间接经验的文案标题容易让有相关需求的受众眼前一亮。入题的经验可以是作者本人的经验，也可以是别人的经验。

案例 3-23

学会洗脸，护肤这件事就成功了一半

我的皮肤是混油皮的痘痘肌，本科期间，痘痘和痘印明晃晃地"写"在我脸上。

曾经我觉得，皮肤出油、长粉刺可能与脸没洗干净有关，所以一定要用强力洗面奶清洁油脂，用磨砂膏去角质。

……

开始学习皮肤病专业知识后，我了解了关于皮肤的科学知识，纠正了错误观念和护肤习惯，又接触到了药物疗法、光医学疗法、化学焕肤疗法，皮肤状态渐渐得到改善。

……

案例点评：洗脸是最普通不过的日常行为。这个标题的颠覆性在于暗含了一个描述性假设——有人不会洗脸。看到这个标题，受众会产生疑惑——怀疑自己洗脸的方式不对，这样则会产生阅读正文的欲望，希望借鉴他人经验。

案例 3-24

重复性的文稿，怎样写出新意？

机关工作具有一定的重复性、周期性和规律性。有些领导讲话、工作总结等，由于形势和任务的需要，不可避免地会一再强调一个主题。去年讲这个问题，今年还可能要讲这个问题；现在所讲的问题，今后也很可能会再讲。对于这一类文稿来说，如果老是写那么几条，老是那些内容，文稿就会缺乏针对性和指导性，还会给人以重复雷同之感，不会得到读者和听众的认同。那么，重复性的文稿怎样写出新意呢？

……

案例点评：机关工作人员的一项重要任务是撰写材料。知识储备不够，自然难写出新意。相信经常写作的人都会有此困惑。标题为机关工作人员提供写作的经验，会引发需要解决该问题的受众的兴趣。

（五）唤起情绪

标题写作技巧之唤起情绪

情绪是多种感觉、思想和行为综合促成的心理活动，包括主观体验（即个体的自我感受）、生理唤醒（神经系统的激活或抑制）及外在表现（面部表情、行为动作）等内容。伊扎德认为人类有惊奇、兴趣、愉快、厌恶、痛苦、愤怒、悲伤、恐惧、轻蔑、害羞、自罪感这11种基本情绪，复合情绪是在此基础上产生的。情绪分为心境、激情和应激三种状态。基本情绪及情绪状态对个体的认知、行为有影响，会促使个体做出与情绪相一致的行动。在标题中使用具有强烈情感色彩的词语，或者呈现令人震惊的数据、事实等，让受众产生积极的或消极的情绪，会促使受众产生阅读正文的欲望。

另外，有一种标题通过强调产品、机会等的稀缺性使受众产生急迫感、焦虑感等，诱导受众购买产品或服务。

案例 3-25

对不起啊，爸爸也是第一次当爸爸

"你惨了，你要当爸爸了！"当看到你妈妈发的这条短信时，我整个人都僵住了，手指怎么也使不上劲。虽然知道这个时刻迟早会来，但我还是没想到会这么快，这么突然。有惊喜，更多的是压力。

……

案例点评：新生儿的父亲难免会毛手毛脚，犯下许多令人尴尬的错误。这个标题很准确地表达了一个新手父亲面对新生儿时不知所措的尴尬心理。看到这个标题，种种画面也会随之涌入父亲们的脑海。

（六）解答困惑

人的一生，不管在生活还是工作中，总会遇到许多困惑。人的一生就是披荆斩棘的过程：学生要不断地解决学习难题，职场人士要不断迎接工作的挑战……大家都希望在碰到问题的时候能迅速找到行之有效的解决方法，因此解答困惑类的文章往往深得人心，因为这些文章可以为我们解决学习、生活、工作中的问题提供方法。

这类文章的标题可以结合特定的知识，以提问或者回答问题的形式拟写，直接告知受众文章要解决的问题，常见的标题如"为什么……""如何……""……有哪些小窍门""解决……的办法""什么是……"等。

案例 3-26

如何成为一个说服他人的高手

生活中，存在大量需要说服他人的场景：小到决定全家人去哪吃饭，大到政治家要推行一项新政策……

在这些不一样的场景中，都要使用一种核心技术——说服。说服分为两步：第一步，把你的观点变成别人的观点；第二步，让别人按照你的观点，去做你希望他做的事。

如何培养自己的说服能力呢？相信这四本书能帮到你。

……

案例点评：标题使用了"如何……"句式。说服他人是一种常见的社会行为，作为社会人，我们每天都要与他人进行沟通。可以认为，几乎所有个体都有提高说服能力的需求。因此，以提问的形式拟写标题可以吸引许多读者。

案例 3-27

牛奶不能空腹喝？关于牛奶的6个真相

牛奶作为补钙首选的饮品，经常出现在我们的生活中。

同时，我们经常会听到一些关于牛奶的饮食禁忌：牛奶不能空腹喝，牛奶防腐剂过量，牛奶与很多食物相克……很多"爱奶人士"再也不能愉快地喝牛奶了。

这些到底是真是假呢？

……

案例点评：牛奶与我们的日常生活密不可分，人们已经普遍接受了其对身体有益的观点。关于牛奶怎么喝的争论时有发生，标题表示文章中有这个充满争议的问题的正确答案，自然能够引起读者的阅读兴趣。

（七）提出观点

提出观点指的是在标题中提出一个吸引受众的观点。一类是颠覆认知的观点，即抛出一个超出受众认知的观点，使受众大感意外，引发认知冲突；另一类是迎合需求的观点，人们有寻求自我认识、自我肯定的倾向，标题帮助受众提炼、总结心中想说却未说出的话，会使得受众产生被肯定、被认同的感觉。

案例 3-28

一个人最大的本事，是不把自己当回事

《朗读者》第二季收官，邀请了余华作为压轴嘉宾。

一提到余华，很多人会肃然起敬。

作为中国当代文学的先行者，评论家们称赞他行文简练。

但余华却在节目里说："别人都说我的文章语言简洁，那是因为我认识的汉字少。"

不知道你有没有发现：越是有本事的人，越是不把自己当回事。

……

案例点评：大多数人都关注自己的得失成败，关心别人如何看待自己，生怕矮人一截儿、低人一等，人前人后都要争口气。标题反其道而行之，提出的观点出人意料。

标题写作技巧之制造悬念

（八）制造悬念

制造悬念型标题能够引发受众的好奇心，促使受众为了满足好奇心进一步阅读文章。此类标题的通常做法是针对一些受众关心的问题设下悬念，吊足受众的胃口。标题常用词包括"秘密""内幕""警惕""神秘""真相"等。

案例 3-29

警惕！南极降雪中首次发现……

近日，据发表在《冰冻圈》杂志上的一篇论文称，新西兰坎特伯雷大学研究人员在南极洲的新降雪中首次发现了微塑料。研究人员表示这"令人难以置信"，在新鲜的南极雪中发现微塑料凸显了塑料污染的程度，即使是世界上最偏远的地区也如此。

……

案例点评： 此标题利用省略方式设下悬念，让受众对南极降雪中到底发现了什么感到十分好奇。

（九）结合热点

热点是指一个时期内引人注目的地方或问题。不同时期社会上会出现不同的热点，人们可以通过热点及时了解社会动态。在标题中加入热点关键词，使文案标题与受众关心的热点产生联系，可吸引受众的关注。正文可以阐述确实与热点问题相关的内容，持续关注该热点的受众会产生兴趣。也可以通过谐音、对比等方式"蹭"热点。受众看到正文后明知道它和热点是两回事，但也会心领神会。如果热点"蹭"得好，还能引发受众的奇妙联想。

标题写作技巧之结合热点

案例 3-30

全国各地都在邀请丁真？大广西的诚意比丁真的珍珠还真！

火了！

丁真火了！

几天时间，十余条相关微博热搜，

截至目前热度丝毫未减，

全国各地都在邀请丁真！

……

案例点评： "甜野男孩"丁真是 2020 年的网络红人，其帅气的外表、纯真自然的笑容感染了无数人，他凭一己之力带动了四川理塘旅游业的发展。全国各地的许多官媒、自媒体工作者都借用丁真这个热点撰写文案，产出了多篇阅读量超过 10 万的文章。

（十）警示告诫

警示告诫型标题主要用来提醒受众注意某些社会现象或者自身行为，以避免其自身陷入险境，避免自身安全、健康受到危害。与某些社会现象有关或具有某些特定身份的受众很容易被这类标题吸引，比如家长对儿童安全类的标题十分敏感，老人对养生保健类的标题特别感兴趣等。经常出现在这类标题中的词语有"小心""千万不要""避免""严重后果"等。

案例 3-31

千万别去亲海豚

前不久，在网上看到一段驯兽师给白鲸涂口红的视频。

它并不知道人类在做什么，只是呆呆地被按在原地，看上去滑稽而无助。

隔着水族馆的玻璃，白鲸无声地望着人类。玻璃的另一头，看客们却在热闹地起哄、嬉笑。

也许他们觉得这一幕很好玩，很有爱——但事实上呢？

……

案例点评： "千万别"的句式有极强的告诫意味，通常能够唤醒受众的防备心理。出于好奇和自我保护的心态，受众常会进一步阅读文章以了解事实真相。

（十一）驱使行动

个体行动可以分为两个阶段，第一个阶段是做好思想准备，第二个阶段是执行。人人都有欲望，欲望可以形成动机，有了动机以后还需要执行。标题使用建议、说服的语气能驱使受众迅速行动起来。驱使行动型标题能否成功吸引受众取决于以下四个方面。第一，选择合适的驱动者。由权威人士和知名人士进行驱动更有效果。第二，传达合适的信息。标题内容要真诚，内容应该是关怀社会、关怀个人的。受众要能感受到作者的诚意，才会被说服去行动。第三，选择合适的驱使行动的渠道。官方的、权威的渠道给人的信任感、驱动力更强。第四，对被驱动者进行精准定位。被驱动者的年龄、

性别、受教育水平、生活区域等都是要考虑的因素。拟定驱使行动型标题有两个角度：一个是从受众的角度出发，以受众的口吻说话；另一个是从第三者的角度出发，与受众对话。可被驱使的行动有很多种类型，如购物、恋爱、娱乐、奋斗等。

案例 3-32

假期延长，这5个室内活动建议父母跟孩子一起做，赶紧行动起来

虽然近日的疫情让这个春节假期蒙上了一层阴影，但最难得的是，这个假期父母可以和孩子在家里共同度过。为了让这个假期过得有意义，小编推荐父母和孩子们一起做下面这5个室内活动。最后的科学运动部分强烈建议父母和孩子一起坚持哟。

……

案例点评：当为人父母的受众读到标题的时候，会感觉似乎有一种无形的力量在驱使自己和孩子一起进行活动，外在动机与内在动机都得到了加强。

（十二）善用修辞

修辞是语言组织和表达的艺术，修辞手法的运用能够使语言表达变得生动、具象，提高沟通的效率。在标题中使用比喻、拟人、双关、夸张、假设等修辞手法可激发受众的想象力，能够帮助受众跳出标题的字面意思，进行广阔的思考。

标题写作技巧之善用修辞

案例 3-33

与"魔鬼"打交道的人

"90后"女兵为你揭秘中缅边境生死缉毒故事。

我们常幻想自己是超级英雄，捧着手机在虚拟的世界"绝地求生"，而这个28岁的姑娘在6年间，参与缴获超过自己体重4倍的毒品。从大学毕业生到缉毒队骨干，从边防检查站到女子侦查组，她一丝不苟，严守边关，也勇挑重任，乔装侦察。

……

案例点评：标题将毒贩比喻为魔鬼，生动化了缉毒工作，凸显了女兵的光荣事迹。

（十三）突出区别

突出区别就是将两个或两个以上的事物进行比较，突出它们在水平、层次上的区别。如比较产品、服务的核心目的是突出己方的优点，明贬或暗贬竞争对手的产品、服务。突出区别型标题传递的信息是让文案来告诉受众哪个好，让文案来帮受众做出选择，顺应受众简化思维过程，节省时间和精力的天然需求。

案例 3-34

本科生、硕士生、博士生的区别

本科生和硕士生到底有何区别？硕士生和博士生又有什么不同？这是很多人都有的困惑，今天我们一起来研究研究。

……

案例点评：标题表明文章要对本科生、硕士生、博士生进行比较，帮助受众解惑。比较优劣时，选择受众特别关心的、与其日常需要息息相关的话题才能引人注目。如果选择一些生活中不常见的事物进行比较，受众更关心的问题则可能是"这是什么"，而不是它们之间的区别。本科生、硕士生、博士生之间的区别是生活中常见的话题，对这个问题的解读能够引起受众的兴趣。

（十四）讲故事

讲故事型标题应用一句话交代整个文案的内容，有背景、转折、结局等一个故事应该具备的核心要素，受众只看标题就会被故事的情节吸引。这种类型的标题是对文章内容的高度概括，将故事的起承转合用一句话说清楚，通常能够让受众迫不及待地去了解故事的全貌。

标题写作技巧之讲故事

案例 3-35

太励志！20多年前从保安逆袭上北大，如今已"桃李满园"

20多年前，北大保安张俊成通过自学考上北大法律专科，从保安逆袭为大学生，被称为"北大保安第一人"。

……

张俊成如今已在家乡从教二十余载，并创办了一所主要面向农村孩子的民办中职学校。

他说："北大给我播下了一颗种子，我要把这颗种子带给更多的人。"

......

案例点评：标题交代了故事的背景、主人公昔日的身份及主人公今日的成就，制造了一个巨大的转折，一方面让人大感意外，另一方面让人迫不及待想去了解故事的全貌，可谓一个标题道尽了人生。

（十五）揭露真相

这类标题揭穿社会谣言，告知受众真相。受众读到标题后发现标题的观点与自己长久以来认可的观点及听过的故事不一致，自然会进一步去探求真相。

案例 3-36

手机能不能放床头？关于辐射的 8 个真相

经常听人说，手机千万别放床头，辐射很强，人会变笨，还会得癌。

关于这个问题，医生有话要说：

国家对于手机辐射，已经做出了明确的安全值限定，并且，目前没有任何证据表明手机的辐射会引起癌症在内的恶性疾病！

......

案例点评：关于手机辐射的谣言一直存在，很多人不辨真假，转发谣言。该标题围绕手机辐射的真相做文章，自然能够引发关注。

四 避开标题创作的雷区

（一）标题空洞无物

为了吸引受众，许多新媒体写作者会去模仿一些"爆款"文案的标题。如果这种标题的形式和自己要表达的内容是契合的，则新媒体写作者可以在模仿的基础上进行创新，得到

避开标题创作雷区

符合自己的文章内容特性的新标题。但网络上也出现了许多为了骗取流量的"标题党",受众阅读这类文章后会发现题文不符。"标题党"在短期内可能会为平台带来一定的流量,但长期来看并不会为平台带来正向影响,反而会破坏其形象。

(二) 低俗、恶趣味

如今新媒体文案内容同质化严重,创新越来越难,许多平台为了获取流量及商业利益,罔顾伦理道德,主动迎合人性的黑暗面,如审丑、窥视、轻色情、暴力等,用低俗、恶趣味的标题吸引受众。恶有时比善对人的吸引力更大。被低俗与恶趣味内容吸引的受众,其人格可能会被引向粗鄙化的方向。提供低俗内容的平台生命力难以长久,不仅会被管理部门叫停,还会因为脱离正确的价值观而被受众抛弃。

(三) 主题指向模糊

在快节奏的现代生活中,人们筛选信息的速度也非常快,往往对标题一过目就会做出是否阅读正文的决定。如果标题涵盖的信息过多,面面俱到,或者表述过于隐晦模糊,不能让受众在第一时间理解文章主题,文章就难以打动受众,更无法给受众留下深刻印象。

(四) 沉溺于玩文字游戏

新媒体文案的标题固然要讲究文采,但不应该单纯地追求辞藻华丽、文采飞扬,陷入玩文字游戏的怪圈,而应结合受众特点,使用符合平台定位的语言来创作标题,保证标题简洁、明了、易读、好记。

(五) 违反法律法规

新媒体文案标题的拟定必须遵守法律法规,尊重民族文化习惯,避免出现带有歧视性、偏见的言论。严禁利用新媒体文案攻击党、政府和人民，煽动群众情绪，制造社会动乱。

本章小结

本章主要介绍了新媒体文案标题的作用、提炼原则、创作方法及应规避的创作雷区等内容。通过学习本章内容，读者应加深对新媒体文案标题创作的理解，能够在实践中灵活运用新媒体文案标题的提炼原则和创作方法创作出具有良好传播效果的标题，并有效规避创作雷区。

思考

（1）新媒体文案标题有哪些作用？
（2）新媒体文案标题的提炼原则有哪些？
（3）新媒体文案标题的创作方法有哪些？
（4）在创作新媒体文案标题的过程中要注意避开哪些雷区？

实训

请阅读第一书记黄文秀的事迹，以"最美共产党人"为主题并使用本章提到的标题写作技巧创作至少3种不同类型的标题，并分析你用了哪种创作方法，预计能取得怎样的效果。

第四章
新媒体文案正文创作技巧

学习目标

- 掌握新媒体文案正文的结构。
- 掌握新媒体文案正文写作技巧。

能力与思政目标

- 提高分析新媒体文案正文结构、写作手法的能力。
- 提高新媒体文案正文写作能力。
- 新媒体文案正文写作要遵守法律,弘扬社会主义核心价值观。

课程导入

某品牌柠檬气泡酒文案:
年轻"汽"盛
就不要口是心非
没人划定界限
就不要自贴标签
思考:你从该文案中学习到了什么创作技巧?

一 新媒体文案正文的概述

（一）新媒体文案正文的概念

正文是新媒体文案的主体，是对标题的拓展，是对文案核心内容的详细阐述，是向目标受众进行内容展示和说服目标受众的过程。正文通常由文字、图片、视频等组成，受众能够在阅读正文的过程中了解资讯的全貌、作者的完整观点、产品的详细信息、活动的具体情况等，从而产生相应的心理、行为反应。

（二）新媒体文案正文的功能

新媒体文案标题的主要作用是通过言简意赅的信息吸引受众。利用标题吸引受众之后，需要在正文中拓展标题的内容，完成文案写作的目标。新媒体文案正文的功能包括以下几个方面。

1. 呈现完整信息

新媒体文案正文的内容包括发生的事实、观点和证据、推介的产品、讲述的故事、事物的形象等。正文要围绕文案核心主题，通过文字、表格、图片、视频等方式将全部要呈现的内容逻辑清晰地呈现出来，使受众能够对文案要表达的主题有全面的了解和认识。

2. 详细论证文案观点

许多新媒体文案在标题中就已抛出了立意鲜明的观点，正文需对观点进行详细论证，通过列举数据、摆出事实等方式逐步论证文章的核心观点。

3. 根据主题需要营造氛围

优秀的文案写作者能够根据受众的需求使用文字、图片、视频等工具创作出深入人心的作品，帮助受众在阅读过程中产生沉浸式体验，使受众紧随正文的节奏，该喜则喜，当怒则怒。如产品类的文案常营造美好的使用氛围和意境，美好的使用氛围和意境具有强大的说服力，能够潜移默化地影响受众。

4. 引导并说服受众采取行动

新媒体文案作为一种传播工具，带有传播观点、事实，推广产品或服务等目的。正文是引导、说服受众接受观点，认清事实，促使受众产生购买欲望和行动的关键。在结合受众需求的基础上，正文通过呈现信息，配合一定的引导、说服技巧，对受众进行刺激，激发受众的欲望，驱使受众行动起来。

新媒体文案正文的要素

新媒体文案正文可呈现的内容十分丰富，多样化的写作意图催生出了种类繁多的正文内容。如果作者要推介新产品，则产品的外形、参数、用途、销售渠道乃至竞争对手的产品情况等都有可能成为正文的内容；如果作者要阐述对经济形势的判断，则经济政策、经济数据、专家访谈等都有可能成为佐证作者观点的内容。大部分新媒体文案的正文内容主要由写作意图、佐证信息及引导信息三个要素构成。

（一）写作意图

新媒体文案的写作意图指其要传达的核心信息及对受众反应的期待。任何一篇新媒体文案均有写作意图。从商业的角度看，新媒体文案的写作意图主要是呈现商业信息，刺激受众购买等。从社会管理的角度看，一些官方媒体的文案写作意图是呈现事实、引导舆论等。从新媒体平台运营的角度看，一些官方微博账号、公众号的文案写作意图是提高流量、巩固社群等。作者的身份、需求等因素决定了新媒体文案的写作意图。

正文体现出的写作意图必须是明确、具体的，最好一文一立意，因为受众阅读新媒体文案时多采用碎片化阅读的方式，如果写作意图不够鲜明，受众就难以跟上文案的节奏。同时，正文的篇幅也应根据受众的阅读习惯、专注度等进行控制，将大量信息集中在一篇文案里会扰乱用户的阅读进程，而且过多的信息可能使受众增加记忆负担。

（二）佐证信息

明确了新媒体文案的核心内容和重点诉求之后，正文需要提供相应的佐证信息。文案要告诉受众一种产品是优秀的，那么就得提供这种产品优秀的证据。作者希望受众接受一个观点，就得围绕这个观点提供证据，证明其正确性。正文的佐证信息一般包括政策、经验、数据、专家证明、产品形象、产品差异及第三方反馈等。佐证信息的主要作用是使受众深入理解文案的核心内容，接受文案的重点诉求。

（三）引导信息

新媒体文案的最终目的是让受众按文案的思路来行动，只有受众根据文案的引导做出了相应的行为，文案的使命才算完成。如果新媒体文案的写作目的是说服受众接受作者观点、认同品牌形象等，那么正文需要明确号召受众采取行动，如号召受众参与环保事业，号召受众投身慈善事业等。如果新媒体文案的写作目的是说服受众购买产品，那么正文需要呈现产品或服务的优惠力度、购买途径等，并鼓动受众购买。

三 新媒体文案正文写作的原则

新媒体文案正文的写法多种多样、不拘一格，只要围绕文案的核心内容和重点诉求，呈现完整的信息，具有创意，形成话题效应，达到说服受众、刺激受众行动的效果，通常即可认为文案是成功的。至于正文的内容、结构、叙述方式等，均可以根据实际需求灵活变化。但是，仍有几条原则需要注意。

（一）突出中心

文案写作者进行新媒体文案创作时，可能有许多观点要呈现，但是正文不能面面俱到，因为对于大部分受众而言，如果本来休闲的移动阅读变得需要耗费大量力气，那么这样的阅读体验是不佳的，而且面面俱到的正文会显得没有重点，受众在阅读过程中容易感到疲劳。正文创作一定要从受众的角度出发，避免正文变成作者对受众的单向信息灌输和信息压迫。确定文案要表现的核心诉求点或利益点，并使用能充分表现核心内容的信息，如此方能使正文中心突出、信息明确。

（二）信息完整

正文必须呈现受众需要的所有信息。如正文要推介一种电子产品，除了这种产品的最大卖点、为消费者解决的痛点需要突出呈现外，产品的外观、功能、硬件、软件、价格等信息也应根据具体情况决定是否附上。对于感性的消费者而言，可能提供产品的外观与一些简单的功能信息即可；对于理性的消费者而言，则需提供翔实的软硬件参数信息，如果缺乏这些内容，哪怕这种产品的卖点已经引起了消费者的兴趣，也难以使消费者产生足够的购买信心。又如正文要阐述一个社会问题，除了重点讲述这个问题当前的表现和影响之外，还需要将这个问题的来龙去脉梳理出来，这样才算把问题说清楚了，受众在判断作者的观点是否可以接受的时候才有据可依。

保证正文信息完整对作者的能力要求很高。一是认知的能力。作者要对事物、受众的需求有十分清晰的了解。二是搜集信息的能力。作者要善于纵向搜集信息，搜集包括过去、当前和未来的信息；还要善于横向搜集信息，如从他人的观点、竞争对手的发展水平和技术优势等方面搜集信息。另外，作者要善于借助多种渠道获取信息，包括互联网、图书馆等渠道。三是整理信息的能力。作者需要对所搜集到的信息进行系统的整理，将杂乱无章的信息分门别类地整理起来，将无用的信息过滤。四是使用信息的能力。作者要将有用信息与文案有机地结合起来，做到信息的使用自然而不刻板，对中心诉求的支持充分而不累赘。

（三）语言灵活，条理清晰

新媒体文案的语言不同于公文、论文等文体，没有严格的语言规范。根据主题的需要，语言风格可以有严肃、活泼、深情、激烈、讽刺等类型，不拘一格。只要能够突出主题，吸引受众的注意力，就是适当的语言，但不能为了吸引眼球而故意使用粗俗不堪的语言，更不可随意破坏基本语言规范。

正文要层次分明，条理清晰。写作者要将搜集的信息按照一定的逻辑进行整理，不能随意堆砌，且要根据目标受众的社会层次、文化水平等对信息进行加工，如果文案面向的是普罗大众，则要尽可能地将信息化繁为简，将复杂的信息变得简洁易懂。用户乐于接受的文案形式才是文案创作者的最佳选择。对于论证性的文案而言，逻辑清晰显得尤为重要，正文使用的理论或者事实依据需合理安排，保证论证的严密性，且应选用符合文案类型的语言风格进行阐述。

（四）真实与真诚

正文具有呈现完整信息、说服受众行动的功能。许多优秀的新媒体文案的传播范围极广，传播速度极快，并且能传播给不同阶层的受众，从而影响受众的思想和行为。因此，新媒体文案要受到伦理道德和法律法规的约束，呈现的信息要真实可信，不能为了传播而夸大其词或者隐瞒事实。

在真实的基础上，对待受众时还要真诚。正文的态度、用词要体现出作者是在实实在在地说心里话，为受众着想，作者与受众是平等的，不能有高人一等、盛气凌人的姿态，要让受众感受到作者在很用心地和自己谈一件事情。

第四章 新媒体文案正文创作技巧

四 新媒体文案正文的结构

新媒体文案正文的结构一般可以分为开头、主体和结尾。

（一）开头——承上启下

开头位于标题之后，主体内容之前，起承上启下的作用。开头的位置决定了其要起到平衡作用——既要平稳地承接标题，又要顺利地过渡到主体。这要求开头的设计须十分巧妙——既要吸引受众，唤起受众兴趣，又不能过于张扬和浮夸，以免喧宾夺主，使文案变得虎头蛇尾。标题吸引受众进入正文后，开头要起到"黏住"受众、引发受众兴趣的作用。开头是否具有吸引力决定了受众是否会往下阅读。如果开头充分激发了受众阅读的兴趣，正文就成功了一半。

开头的方式主要有以下六种。

1. 直接呈现

直接呈现就是在开头将正文所要阐述的核心内容直接呈现出来，开门见山，不拖泥带水，让受众读完开头就能知道接下来的主体将要说些什么内容。直接呈现的好处是受众能够在第一时间带着问题去阅读主体，坏处是对受众的吸引力不足，可能受众阅读完开头后对该类信息缺乏继续了解的兴趣或认定自己已经知道主体内容了，会放弃深入阅读。

案例 4-1

一滴酒也别喝！世界权威医学期刊已证实酒对人体没有任何健康好处

最近，全球疾病负担研究组研究发现：喝酒不能带来任何健康收益，适量饮酒有益的说法，根本就不存在！而且，饮酒是全世界范围内导致中青年男性死亡的头号凶手！

......

案例点评：这个开头直截了当、开门见山地告诉受众饮酒无益的结论，受众通过开头即可知道文章接下来将要围绕该结论进行阐述，其吸引力在于受众可能想知道该结论是如何得出的。

2. 制造悬念

制造悬念就是在开头营造一个谜团。用标题制造悬念时通常只是抛出一个问题，而用开头制造悬念的手段则多得多。通常的写法是先简单交代一下事物，随后抛出与事物有关的还未澄清或还未公开的问题，引发受众的好奇，吊足受众的胃口。比如，在一篇关于新手机推出的文案中，开头告知了受众新手机的重大卖点，随后抛出配置谜团、价格谜团等，受众要想获取更多的信息则不得不继续阅读。

案例 4-2

未来 30 年这 20 个重要趋势必将深度改变世界！

美国公布了一份长达 35 页的《2016—2045 年新兴科技趋势报告》。该报告是在美国过去五年内由政府机构、咨询机构、智囊团、科研机构等发表的 32 份科技趋势相关研究调查报告的基础上提炼形成的。

通过对近 700 项科技趋势的综合比对分析，最终明确了 20 项最值得关注的科技发展趋势。

......

案例点评：开头点出了未来科技发展趋势的判断来源是美国的正式报告，提升了来源的可信度，随后强调了有 20 个值得关注的科技发展趋势，但又未直接说明这些趋势是什么，制造了一个十足的悬念。

3. 制造冲突

制造冲突指在开头呈现一个矛盾、一个摩擦、一个争执……受众马上会被代入这个情境，甚至"选边站队"，且思维受到刺激开始活跃起来，进而思考双方冲突的理由。冲突会让人有代入感，尤其是生活中常见的人情世故冲突，受众会不由自主地进入角色去感受角色的喜怒哀乐，如在文案开头写的是一对情侣吵架了，吵架的理由是家务分配不均，受众就很容易把自己代入。这也就是许多"鸡汤"文案有强大的吸引力的原因，这些文案特别善于在开头制造冲突。

案例 4-3

冲上热搜！盲人姐妹花双双考取名校研究生！

考研录取结果陆续公布

南京特殊教育师范学院两位同宿舍的

盲人姐妹花周文晴和邬逸帆

成功考取研究生

周文晴被中国人民大学

应用心理学专业拟录取

邬逸帆则收到了英国利兹大学

和诺丁汉大学的 Offer

……

案例点评：文案开头即呈现盲人身份和考上研究生的冲突，这种冲突带来的疑惑会使用户心中产生疑惑，从而想进一步了解事实，消除疑惑。

4. 提出问题

以提问的方式开头，能够激发受众的好奇心，帮助受众思考。开头的提问一般针对文案的核心问题和受众最关心的问题展开。比如，问受众是否知道某种产品为何与众不同，问受众一个社会问题的症结在哪里，问受众是否知道如何达到一个特定的目标。提出的问题必须是和受众切身利益相关的或者受众关心的。提出问题的方式可激发受众的求知欲，并刺激受众为了满足自己的求知欲而行动起来。在开头提出问题还能够帮助受众迅速地集中注意力，将注意力集中到文案的主体上。

案例 4-4

香蕉长斑了还能吃吗？一图读懂关于香蕉的 8 个常见误区

香蕉好吃，好剥皮，不少人都喜欢吃。刚买回家的香蕉表皮金黄，口感很好，可是过不了几天，香蕉就长斑变黑了，扔了有点儿可惜，吃了又担心不健康。

长斑的香蕉，到底能不能吃？

……

案例点评：开头抛出一个常见的生活问题，人们几乎都吃过香蕉这种水果并遇见过香蕉皮长斑的现象，因此普遍会对这个问题感兴趣。

5. 营造氛围

氛围对于吸引受众有强大的作用。氛围有温情的、热闹的、冷清的、压迫的、紧张的等。在正文的开头通过短短几句话营造出一种正文需要的氛围，能够将受众代入进去，令受众想象和感受到相应的情绪，使受众产生沉浸式的体验。开头营造氛围对作者文字功底的要求极高，作者要通过短短几句话勾勒出立体的、形象的、生动的画面。

案例 4-5

"C位出道"的"松茸大人"

凌晨三点，香格里拉迪庆村已是一片空城，巴桑和村民们早已离开了温柔的梦乡，动身前往附近的山头。我们跟着巴桑，开始了寻找松茸的一天。这里是高海拔原始森林，交通工具在这里无法施展本领，不熟悉地形的人就连走路也要"连滚带爬"，雨水滋润过后的山路湿滑，一不小心可能就会跌倒在陡峭的山路上。

……

案例点评：开头用几句话勾勒出松茸的生长与采摘环境，众人在凌晨时分急切、兴奋地寻找松茸的气氛能够感染受众，使其感觉置身其中。

6. 综合概述

综合概述即对正文的主要内容进行简要的概括，帮助受众建立阅读的初步思路，受众通过阅读开头能够知道正文的中心内容、正文的呈现方式、基本结论等。受众大致了解内容后可决定是否继续阅读。

案例 4-6

定了！新个税法拟于2019年1月1日起全面施行

关于修改个人所得税法的决定草案日前已提请全国人大常委会审议。2018年8月29日上午，全国人大常委会分组审议了该草案。根据草案，新个税法拟于2019年1月1日起全面施行，拟自2018年10月1日至2018年12月31日，先将工资、薪金所得基本减除费用标准提高至5000元/月，并适用新的综合所得税率。

……

案例点评：开头综合呈现了时间、事件，受众通过开头已经能够获取文案的全部关键信息。

（二）主体——呈现全部信息，说服受众

正文的主体是新媒体文案的核心部分，信息量大，一般包括详细的事实、充足的论据、产品的具体信息、完整的观点等。其主要作用是呈现文案的核心诉求。正文主体的写作需要注意几个问题。一是信息的充足性。正文主体作为文案的核心部分，要将所有该呈现的信息全部呈现出来，起到对全文的支持作用。否则，缺乏信息支撑的标题和开头会失去应有的效果。二是内容的逻辑性。正文主体的内容较多，必须要遵循写作规律和受众的阅读习惯，做到层次分明、条理清晰。三是内容的适量性。和文案主题相关的信息往往非常多，但并不是所有的信息都必须呈现出来，要根据实际需要灵活地进行取舍，把握好正文主体的长度。主体过长会使受众感到疲劳，过短则可能无法交代清楚主题。

（三）结尾——总结观点，驱使行动

新媒体文案的结尾一般是对全文的概括，如观点的总结，对事物的评价等。如果是商业文案，通常还会出现广告信息和行动号召、建议等。比如，给出商品的折扣，提供赠品信息，鼓动受众购买等。常见的句型如"限时折扣""前50名购买者享半价优惠"等，这些句型符合受众想要获取优惠的心理，有利于实现文案的商业目的。

新媒体文案的结尾技巧

案例 4-7

她只用一种方法，就把英语拿下了！

……

这一套资料针对英语基础薄弱的学习者，它涵盖了英语学习过程中可能遇到的大部分问题。它所教授的英语学习秘诀，也是当年某老师自己实现英语逆袭的方法总结。

只要点击"阅读原文"链接，你就可以免费领取这一份宝贵资料，逆袭成为英语达人。

仅限前1000名！领完即止！

案例点评：文案结尾强调了英语学习资料的珍贵，并提供了获取资料的途径，突出免费的特征，刺激受众按照文中指示行动起来，从而达到该文案写作的最终目的——引导、转化消费。

五 新媒体文案正文的类型

（一）新闻事件型

新闻事件型文案的写法多用来记录与传播信息，用概括叙述的方式，简要地说明事实，使受众及时地知悉事件。其以记叙手法为主，突出信息的公开性、真实性和时效性，在开头简明扼要地介绍核心内容，文案主体通常包括背景和基本事实两部分。

新闻事件型文案

各大主流媒体平台均有自己的新媒体阵地，本书主要关注的是自媒体平台的新媒体文案。自媒体平台的新闻事件型文案包括两种：一种是关注、报道社会事件的文案，另一种是报道企事业单位新闻的文案。前者往往选取独特的角度进行重点关注和报道，以和主流媒体形成差异，避开和其直接竞争；后者主要围绕自家的情况（如新产品、技术突破等）进行报道。

1. 新闻事件型的正文写作要注意的几个问题

（1）要具有新鲜性。新鲜的事物才会真正吸引受众，反复地"炒冷饭"终将被受众抛弃。足够新鲜、有趣的信息能够将被动接受信息的受众变成主动关注信息的"粉丝"，使文案的传播产生较好的效果。

（2）信息较多的正文最好能用摘要介绍核心内容。因为新闻事件型的文案不易出彩，对受众的吸引力有限，所以需要让受众先快速了解核心内容，再根据需要进一步搜索信息。如产品推介文案先简要介绍产品及其优惠情况，吸引受众的注意力，受众自然就会往下阅读；反之，如果没有给出核心信息，受众没有受到刺激，他们可能就没有兴趣花费时间深入阅读了。

（3）语言精练，表达准确。要将核心内容与受众的关系精准地表述出来，让受众能够快速地理解正文所要传达的信息。

（4）写作手法在保持事件原意的前提下要有适当创新。

第四章 新媒体文案正文创作技巧

2. 新闻事件型文案的形式

（1）平铺直叙式。即不过多修饰，直白地将事物呈现出来。

（2）金字塔式。即按时间顺序记录事件的经过，通常有一个由平淡逐步进入高潮的过程，将重点信息置于文末。

（3）倒金字塔式。将文案中最重要的内容在开头点明，或以提要的方式呈现在正文之前，帮助受众快速了解新闻重点；其余要素按照重要程度依次写出，排最后的最不重要。这种格式打破了时间顺序，所以在写作时要特别注意构思。

（4）新华体式。新华体式融合了金字塔式和倒金字塔式，将最重要的内容放在开头呈现，随后依照时间顺序或逻辑顺序进行叙述。

案例 4-8

她没有太多文化，却养育了 87 个孩子，20 个考入北大、清华

她是一位没有太多文化的普通工人；她养育了 87 个孩子，九成考上大学；其中有 20 个考入北大、清华。

她叫麦琼方，缘起偶然，资助第一个孩子时，她也才 19 岁。

1979 年，19 岁的麦琼方是广西百色市人民医院洗衣房的一名勤杂工。那一年，达江乡的一个与奶奶相依为命的男孩儿被桂林一所中专录取，但没钱买去桂林的车票。麦琼方碰巧得知这个情况，决定资助这个家贫但有出息的孩子。

1983 年，百色田林县平洋屯的一名瑶族妇女看病住院，没人照顾。出于好心，麦琼方给这位妇女送了一个多月的饭。后来，麦琼方到平洋屯看望这名妇女，发现山里人缺衣少粮。回到城里，她开始收集旧衣物，再买些吃的，用扁担挑着送到山里。

从那时起，资助贫困山区和贫家学子，成了麦琼方一辈子的事。

一视同仁

87 个孩子叫她"妈妈"，20 个考入北大、清华。

算上自己唯一的亲生儿子，至今已经有 87 个孩子叫麦琼方"妈妈"。她不仅资助这些孩子上学，还把无人抚养的孤儿接到家里住。

不幸的孩子各有各的不幸。但是一旦走进麦琼方的家门，他们就是被一视同仁的孩子。

麦琼方的家里，进门左手边摆着地铺，右边靠墙摆着沙发。地铺可以睡两个孩子，沙发睡两个孩子。房间里放着高低床，可以睡 10 个孩子。

床多，棉被多，锅碗多，凳子多，这是麦琼方家里的"四多"。最多的时候，家里住了 14 个孩子，7 天煮了 90 斤大米。

87 个孩子，如今九成考上了大学，47 人在国外工作或学习。麦琼方家沙发上，出过 11 位清华大学毕业生，9 位北京大学毕业生。

每个考上大学的孩子,麦琼方给他们每人每月500元生活费,而她的亲生儿子,每月只有400元。

打工种菜

"教不了他们知识,只能教会他们做人。"

麦琼方工资不高,为养活这些孩子,她长年利用业余时间打两份工。每天从医院下班后,还要去夜市帮摊位穿烤串、洗碗,深夜又去给单位守大门。她还自己开荒种菜,又在地头搭起猪圈、鸡舍,自己养鱼养猪,养鸡养狗,还种了木瓜、杧果。

即便已经非常辛苦,但麦琼方仍一直坚持往山里送衣物。这些年,麦琼方挑坏了18根扁担。她还曾失足跌落悬崖,直到深夜才苏醒过来。送进山的旧衣物,几十年下来有几十吨。

走进麦家门,会发现孩子们都很懂事,课余时间会帮着种菜、喂猪、喂鸡,还帮忙做手工挣点钱。在学习上,孩子们自发形成了"传帮带",高年级的辅导低年级的,学习好的帮助基础差的。

"我教不了孩子们知识,我只能教会他们做人。"麦琼方说。

案例点评:使用了新华体式的结构来撰写新闻事件,开头先交代全文重点——一个普通工人养育了87个孩子,20个考上北大、清华;随后将相关细节平铺直叙地讲出来,呈现出了一个生动、立体的母亲形象。

(二) 研究型

研究型文案

研究型新媒体文案一般以研究报告、数据资料、文献等为基础,经过作者的提炼、加工,使这些权威资料和文案的写作目的有机结合起来,使正文体现出研究型文案的特点。机关、企事业单位均有可能使用研究型文案,其中社会机构、企业的研究型文案最为常见,如地产行业的研究报告、新零售业的研究报告、二胎生育意愿的研究报告、股市研究报告、区块链应用研究报告、短视频发展研究报告等。因为涉及众多个体关心的问题,研究型文案传播范围较广,影响力较大。研究型文案多数以数据为基础,结合历史资料、政策、实验结果等阐述新发现、新结论、新预测等。

研究型文案的正文分为两种:一种是呈现结果型,一种是批判型。前者一般摆出资料和数据,展示结论;后者则复杂一些,主要通过提出事实和论据,批驳某种观点,要求有严密的推导和论证过程,写作要求较高。

研究型文案正文的写作需要注意以下几个方面。

第一,研究型文案的正文要以引述资料为基础,研究结论要有充分的论据支撑,不能凭空得出结论。

第四章　新媒体文案正文创作技巧

第二，资料的来源要可靠。作者在选择资料的时候要考虑来源。通常来说，官方及一些权威第三方的资料较为可靠。

第三，资料的来源渠道要多样化。作者可以通过图书馆、官方网站等渠道搜集相应的资料。作者要善于将从不同渠道得来的资料进行比对，增强文案的准确性。

第四，研究型文案正文的语言、逻辑要严谨，不宜使用模棱两可的字词，不应出现逻辑谬误。

第五，研究型文案的结论不宜过于绝对，应说明结论有其特定的背景。国外研究的成果未必能够本土化。

（三）观点型

观点型文案

即作者在正文中详细论述自己或其他专家的观点和见解，提出建议和主张的文案类型。观点型文案的正文应一文一观点，充分地将观点论述清楚，做到语言精练，观点简明有力。政府机关、知名企业或者专家的观点较权威，有影响力，普通个体、社会地位不高的中小企业所发表的观点一般来说影响力较弱。因此，写作观点型文案正文的门槛较高，但如果作者能借助专家、大V（在微博平台上获得个人认证，拥有众多粉丝的微博用户）之口将自己的观点表达出来，文案的影响力就能得到放大。这就是为什么网络上许多文章中总会出现一些名人，作者总是借这些名人之口将自己想说的话说出来。如果普通个体或个体所代表的企业已经在新媒体平台上培育出了良好的知名度和信任度，那么个体或企业所发出的声音也能得到关注和认可。

观点型文案正文的写作要注意如下几个问题。

第一，观点鲜明，立场坚定。撰写观点型文案的正文时，一定要反复斟酌观点，将观点提炼得简短、明晰，用立意鲜明的句子表述出来，且要做到立场坚定。如果文案的立场不够坚定，那么受众自然难以被说服。

第二，证据充分，能够自圆其说。观点提出以后，作者要有足够的证据来佐证观点，这些证据应是官方发布的或者是经调查研究、实验得出的，而不仅仅是一些个人经验。有许多观点型文案立意突出，但是其中大部分证据都是一些个人经验，如将亲戚、朋友的经验作为普遍性结论的证据，这在逻辑上站不住脚。要从多角度证明观点，既从正面给予证明，又要从反面给予证明，不能为了得到赞同而故意有选择性地进行论证。

第三，不可随意借用第三方的名义发表观点。个体或中小企业想通过新媒体平台在网络上发出巨大的声音是困难的，有时候会通过第三方的帮助来提高传播的效果。但是，这要建立在和第三方沟通且达成一致的基础上，不能随意假借他人名义发表言论。否则可能会因作者的观点不当而造成恶劣的社会影响，甚至作者会因为侵权而承担法律责任。

案例 4-9

专家建议：让女性休满 1 年产假

"建议产假休满 1 年，让女人可以全心全意在家带孩子。"

针对年轻父母带孩子的压力和苦恼，华南师范大学教科院教授、博导袁爱玲指出，一般女性休完最长 6 个月的产假就上班了，这时能接收她们孩子的幼托机构也很少。延长产假不仅对个人有利，而且有利于为国家培养好下一代，由母亲自己带孩子是最理想的状态。

在袁爱玲看来，应该重提解放妇女，过去解放妇女是让妇女从家庭里走出来，参与社会活动和工作。现在，应从工作岗位中解放出来，让她们愿意生二孩。在家里把孩子带好，这也是一份工作。

对于子女的教育问题，袁爱玲建议要重点抓好 0~3 岁时的教育，之后就会省力很多，这是一环套一环的，年龄越小的孩子的教育，越需要专业的人来做。

袁爱玲觉得，发达国家很重视从 0 岁开始的教育，这个阶段确实荒废不得。在孩子 0~3 岁时，不仅要喂养好，还应该注重其心理健康、人格品质、行为习惯的培养，这样可以起到事半功倍的效果。

……

案例点评：标题呈现出全文的核心观点，主体部分马上告知提出该观点的专家身份，文中大量使用了"袁爱玲指出""在袁爱玲看来""袁爱玲建议"句式，强化了观点的力量，使受众更加信服。

（四）解决问题型

即正文针对受众工作或生活中遇到的痛点、难点提出解决方法，甚至开展系列培训的文案类型。受众总会遇到困难，可能事关工作晋升、同事关系、情感关系、未来发展等。许多受众对于自己如何突破困境是缺乏足够认知的，陷入困境之际非常需要外界力量的援助。解决问题型文案事关受众的切身利益，往往能够吸引受众的注意，这就是大量技能学习类、职场技巧类、心理建设类文案得到关注的原因。解决问题型文案的正文写作需要注意的问题如下。

解决问题型文案

第一，正文要解决的问题必须是受众特别关心的，涉及改善自身处境、提高自身能力的问题。选题的时候要贴近生活，只有贴近生活的内容才会拥有较多的关注度。如果已经有细分受众群体，社群相对成熟，则要紧贴社群成员需要选题，如IT社群的选题应是社群成员都关心的、和IT有关的难点，英语学习社群的选题应是英语爱好者关心的学习方法等。

第二，解决问题的方法要切实有效、步骤清晰，最好能综合使用文字、图片及视频，使解决问题的过程清晰明了。

第三，解决问题的方法可以是作者在实践中总结的方法，也可以是对别人的经验进行综合整理后形成的方法。需要注意的是，如果转自他人，作者务必先确认方法的可行性。

案例4-10

喝白米稀饭可能会加重痘痘！7个祛痘妙招一次教会你

长痘的人真的太难了！

特别是在炎热的天气里，伴随着时不时的油光满面，痘痘总是会猝不及防地冒出来。这时候，不少人会选择吃白米稀饭来试图缓解一下。但实际上白米稀饭一点儿也不清淡，吃上一碗就会让你的血糖飙升，不仅不能帮助祛痘，还可能引发更多痘痘出现。

今天我们就准备了7个"战痘"方法。努努力，痘痘还是有可能祛除的！

……

案例点评：文案针对容易长痘的人群提出了7个祛痘方法，目标对象突出，方法适宜，较好地实现了帮助公众号"引流"的目标。

（五）故事型

正文通过有吸引力的故事情节、鲜明的人物形象，使文案的核心内容借故事人物之口说出来，引出作者最终要表达的观点或自然过渡到产品推介等。情节跌宕起伏、内容丰满的正文对受众而言特别有吸引力，能够将受众牢牢地锁定在故事情节里。写故事时需要注意的事项有以下两点。

第一，善于挖掘故事素材。作者要善于从受众、企业、产品等背后挖掘不为人知的故事，将这些故事融入正文当中，服务文案核心内容。

第二，切忌胡编乱造。不宜为了写出故事型的正文而虚构故事，这样可能会因此承担捏造虚假信息的责任。

故事型文案

案例 4-11

学生骑车撞宝马，车主却不追究

近日，一位宝马车车主薛先生发现自己车被撞了，正当他生气的时候，看到了车上的一封信。薛先生打开信看到了这样的内容："您好：我昨天骑车不小心把您的车倒车镜撞坏了，很不好意思，我心里也很难受，我是矿务局的学生，寒假在城里打工，我给您留了钱作为补偿，我知道这不够，但我已经没有钱了，非常对不起。"

这封道歉信是薛先生在宝马车的门把手上发现的，和道歉信放一起的还有311块钱。薛先生看了道歉信后，他一肚子的火顿时消失了。

大过年的，车被撞坏，薛先生不仅没有埋怨肇事者，而且还被深深地感动了。

薛先生说这个学生的思想品德感动了他。车主薛先生想通过网络媒体找到这个令他感动的学生，如果这个学生确实经济上有困难，薛先生想要帮助他。

……

案例点评：故事以善良为主题，情节十分吸引人，且故事主题与人性中的善高度契合，是一篇较优秀的故事型文案。

（六）自我独白型

自我独白指以真实或虚构的角色进行内心独白的方式展开叙述。自我独白用的是第一人称，受众读到文案的时候很自然地会将自己代入，成为独白的主角或传达对象。这种正文的优势在于能够快速地进入受众的内心，反映受众内心的想法和感受，使受众产生共鸣，甚至会让受众觉得文案替自己说出了深藏在内心

自我独白型文案

第四章 新媒体文案正文创作技巧

的话。需要注意的是,独白内容要设计得和受众情况非常相似,才有可能从情感层面上对受众产生实际影响。

案例 4-12

狗狗的十条内心独白:一定要好好爱我!

1. 把我带回家之前,请记得我的寿命只有十到十五年,若你抛弃我,会是我最大的痛苦。
2. 请对我有耐心,你要用一些时间来了解我。
3. 信任我——这对我十分重要。
4. 请别对我生气太久,也别把我关起来当作惩罚。你明白吗?你有你的工作、你的娱乐、你的朋友,但你是我的唯一。
5. 请时常对我说话,纵使我不懂你说话的内容,但我会感觉到,你的声音在陪伴我。
6. 你如何对待我,我将永记在心。
7. 你打我时请记得,我拥有可以咬碎你手骨的尖锐牙齿,我只是选择不做这样的事。
8. 当你想责骂我不合作、固执或懒惰时,请你想想,是否有什么正困扰着我,或许我没获得我想要的食物,很久没在温暖的阳光下奔跑,或许我已经太老。
9. 在我年老时请好好照顾我,因为你也会变老。
10. 当我要挨过最辛苦的历程时,请千万不要说:"我不忍心看,我不想在场。"

案例点评:文案将宠物狗拟人化,用独白的形式表达出宠物狗的愿望和感情,将与宠物狗相处的要求变得充满柔情,受众似乎在和宠物狗直接对话。

(七)对话型

这种文案的正文通过人物的对话与互动展开内容。通常围绕一个问题展开问答,如讨论产品的创新之处、服务的特点等。许多受众缺乏提问的能力,哪怕内心想深入了解产品,却又不知从何入手。这种文案的优势在于帮助受众把问题提出来,再给出答案,这能理顺许多受众的思路,使其心力得到节省。对话的方式与日常场景非常接近,容易被受众接受。需要注意的是,对话型文案要设计适当的角色,且对话内容和方式要与角色相符;语言要生动有趣,不能矫揉造作,令受众反感。

对话型文案

案例 4-13

张文宏建议：年轻人要尽快打疫苗！

何时能摘口罩？要不要接种新冠疫苗？2022年3月10日，复旦大学附属华山医院感染科主任张文宏接受中央广播电视总台央广记者采访时表示，2021年想彻底摘掉口罩非常困难。张文宏呼吁年轻人要尽快接种疫苗，他说，接种疫苗就是为家庭、国家做贡献。中国的疫苗运输方便，安全性高，非常有利于全民接种。

要不要打疫苗？应该什么时候打？

张文宏：要！今年！

……

什么时候才能摘口罩？

张文宏：今年年底想彻底摘掉非常困难。

……

案例点评：文案围绕疫情问题与专家一问一答，问的是受众普遍关心的并希望能够得到专业解答的问题，答案由专家张文宏提供，权威性、可信度较高，能够给受众一些实用的建议。

（八）对比出新型

这种类型的文案正文可将同类事物放到一起进行外观、性质、功能、价格等方面的对比，突出事物的优点，强化受众的印象。世界上同类的事物非常多，要通过文案使某个事物脱颖而出，对比是较有效的办法。借助信息检索工具，受众可以自行寻找信息进行对比，但需要花费一定的精力，而且受制于自身的专业知识，未必能够对信息进行充分甄别。如果正文能够为受众提供翔实的对比，帮助受众做出选择，对于受众而言就会非常有价值。需要注意的有以下两点。

第一，要善于选择对比的核心点。每种事物都有自己的优劣势，同类的事物在进行对比时很少会出现一方全面占优的情况。正文在对事物进行对比时，应围绕受众的主要需求，突出对比与受众主要需求有关的内容。如果事无巨细地进行对比，很有可能会扰乱受众的思路。

第二，不能为了突出自家产品和服务的优势，恶意贬低对手，甚至故意造谣。要遵循基本的道德和法律法规要求。

（九）气氛烘托型

气氛烘托指综合使用文字、图片、视频等营造与主题相关的氛围，使受众在阅读的时候沉浸其中，感同身受，从而提高正文的说服力。在文案开头营造氛围能够帮助受众迅速进入到某种氛围中，其后的正文应维持和强化这种效果，促使受众的想象力和心理感受达到顶点。氛围的营造十分讲究文字的应用，还讲究文案的层次安排，使受众的情感随着文案的推进逐步深化，最终达到顶点。需要注意的是，气氛烘托并不是靠堆砌辞藻就能实现的，而是真情实感的写作及根据实际情况综合运用写作技巧的结果。

案例 4-14

一个人的旅行，从这 10 个地方开始

……

我想去旅行了，一个人，行程不是很赶的那种。

想要在旅途中看着窗外掠过各种景色，从白天到黑夜，不知道在哪一站可以看到日出，也不知道在哪一站可以看到日落，在哪一站可以看到满天的星星。

到达目的地的时候吸一口空气都觉得自由，放好行李，不着急地拿着相机走街串巷，尝各种小吃，观察有趣的人。

漫无目的地游荡，就算迷路也不担心会迟到，晚上回到住的地方，喝杯热茶，把所见所闻写给喜欢的人，然后打一通电话，直到甜甜地睡着。

我想去旅行了，想从这 10 个地方开始。

1. 我多想再见你，在云烟成雨的江南

大城市车水马龙，灯红酒绿，我现在反而有点向往"小桥流水人家"了。

人人都说江南好，我也很想在江南终老。

赏夕阳下掩在炊烟中的近水人家，听一切山水花鸟温柔轻语。听一曲苏州评弹，品一盏香茗，惬意十足。

一个人到江南湖畔走一走，水乡古镇坐一坐，乌镇古朴，西塘热闹，周庄临水而眠，南浔诗情画意……

听听雨声，恋恋风情。

……

案例点评：旅途中的景致被个人闲散、慵懒的心境笼罩，一连串的意象构成一幅幅美丽的图景。阅读此文，读者似乎也进入到画中与作者同游，受那轻慢的旅途氛围感染，旅行的念头好像被唤起。

（十）激发情感共鸣型

情感共鸣是指个体在观察到他人处于某种情绪状态时，产生与他人相同的情绪体验。如个体走进欢乐或悲伤的人群后，会受到情绪感染而感到兴奋或压抑；看电影时，个体的情绪会随着主人公的情感一起变化，这都属于情感共鸣的范畴。同样地，受众在阅读文案时，也可能会受到内容的影响，产生共鸣。使受众产生情感共鸣的主要做法是将文案主题诉诸情感，引导受众的情绪，最终与受众的情感高度一致。

情感共鸣型文案

案例 4-15

> **22 年过去了，这 3 个名字，我们不会忘记！**
> 北京时间 1999 年 5 月 8 日
> 清晨 5 时 45 分
> 以美国为首的北约悍然轰炸
> 我国驻南斯拉夫联盟共和国大使馆
> 导弹划破漆黑的夜空
> 几声惊天的巨响
> 大使馆顷刻间火光冲天
> 正在使馆中工作的
> 新华社记者邵云环
> 《光明日报》记者许杏虎、朱颖
> 不幸牺牲
> 另有数十人被炸伤
> 使馆馆舍严重损毁
> ……
> 2021 年 5 月 7 日
> 在塞尔维亚首都贝尔格莱德
> 塞尔维亚劳动、就业、退伍军人与社会事务部长
> 泰帕夫切维奇
> 和中国驻塞尔维亚大使陈波
> 向中国驻南斯拉夫联盟大使馆
> 旧址纪念碑默哀悼念邵云环等烈士
> 22 年过去了

如今
中国驻南联盟被炸使馆旧址纪念碑前
摆满了鲜花
无声诉说着
那段屈辱的往事
斯人已逝
精神永驻
有些人、有些事
不能忘
也不敢忘
……

案例点评：文案表达了对英雄的思念之情，对我国大使馆遭受侵犯的愤慨之情以及对国家发展、民族振兴的沉思。

六 新媒体文案正文的写作技巧

掌握了新媒体文案正文的概念、功能、要素、写作原则、结构等内容之后，还要掌握一些基本的写作技巧，以便做到推陈出新、不落俗套。

新媒体写作技巧

（一）挖掘新意，吸引眼球

个体在信息化时代每天接收的信息是超量的，几乎没有人能把每天看到的信息认认真真地全部读完，受众对信息会选择性地进行阅读。在这种环境下，要想创作出吸引受众的文案，首先要挖掘新意，找到自己的文案和同类型文案的不同点，并将这个不同点放大，使受众形成独特的印象。要善于用逆向思维寻找事物的亮点，对本不相关的事物进行创意融合等。应养成多角度思考的习惯，并善于及时记录下脑海中一闪而过的创意火花。

(二) 幽默独特，过目不忘

影响受众是否会深入阅读正文的因素除了内容是否与自己有关之外，还有正文的趣味性。文案信息量越大，越需要幽默来调节。和新媒体文案有关的主要是视觉幽默。视觉幽默中的视觉不仅仅指人们实际看到的画面，还包括根据文字等线索的提示联想到的画面。如果文案的静态内容能够激发受众的动态想象，通常就是成功的。幽默要通过有创意的语言来实现。营造幽默氛围常用的创意手法有：曲解原义法，对古代或现代的经典文章和词句做出趣味性的解释；制造误会法，故意营造出一种容易让人误解的语境；颠倒错位法，使用一些有悖于常规思维的奇妙逻辑；自嘲法，违反常理，揭自己的短……方法有许多，但幽默要尽可能做到自然，如果一味追求令人发笑，反而会显得庸俗。

(三) 结构得当，语言得体

进行文案创作的时候，要根据写作的中心及受众的特点，选用适当的结构。结构选择不当可能会导致文案丧失吸引力。

文案的语言要得体，包括语气、语态及语言风格等方面。注意受众的阅读习惯，对于文化水平低的受众，选用通俗的语言风格；对于文化水平高的受众，选用偏书面的语言风格。

(四) 坦诚对人，尊重受众

新媒体文案作者要将受众视为亲切的朋友，关注受众的需求，在字里行间要体现出对受众的尊重，实实在在地将真实信息告知受众。信息可以用不同的方式表达，但是不能过度夸张，以免误导受众。高高在上，表现出强烈的道德、政治和经济上的优越感，指责和讽刺受众，自说自话等都是不可取的行为，会令受众反感，甚至产生强烈的抵触心理。

（五）情感联结，建立信任

写作正文时要善于与受众建立情感上的联结。如果受众与文案的内容产生了共鸣，就意味着作者找到了文案的目标受众。建立情感联结的一个重要目的是使受众产生信任感，使受众从感情上、理智上都认可文案的内容。信任感对于带商业目的的文案而言有重要作用，是文案变现的重要法宝。信任感需要逐步培养。

（六）尊重规律，善借东风

正文写作要遵循写作、传播的基本规律，创新亦要在基本规律上进行，以避免走弯路。如果写作方式与大众通常的认知差别过大，则可能会使受众产生理解偏差，甚至文案会被受众忽视等。

在自身影响力不足的情况下，正文创作要善于借力，通过"蹭热点"等方式提高文案的吸引力和传播力度。

（七）注重学习，厚积薄发

写作需要花费大量时间和精力，写作者应保持不断学习的热情和耐心，不断更新自己的知识结构，及时了解新的文化现象，同时要善于积累，将日常看到的对创作有益的事物记录、积累下来，作为创作的素材。创意不会凭空而来，它与作者的知识储备有关，只有充分积累才会产生源源不断的写作创意。

本章小结

本章主要介绍了新媒体文案正文的功能、要素、写作原则、结构、类型及写作技巧等。通过学习，读者应加深对新媒体文案正文创作的理解，形成创作思路，能够在实践中灵活运用新媒体文案正文写作原则和技巧，创作出具有良好传播效果的文案。

思考

(1) 新媒体文案正文有哪些功能？

(2) 新媒体文案正文包括哪些要素？

(3) 新媒体文案正文的写作有哪些原则？

(4) 新媒体文案正文的结构包括哪几部分？

(5) 新媒体文案正文的类型有哪些？你还能总结出哪些类型？

实训

请结合时代楷模黄文秀的事迹并使用正文的写作技巧创作一篇新媒体文案，并分析你用了哪种方法，能起到怎样的效果。

第五章
新媒体传播概述

学习目标
- 掌握新媒体传播的内涵。

能力与思政目标
- 培养新媒体传播的意识。
- 新媒体文案传播要遵守法律,确保传播内容真实。

课程导入
请举一个新媒体传播的成功案例并尝试分析其成功的原因。

在新媒体文案创作的前、中、后三个阶段，新媒体传播者都要不断地思考如何扩大新媒体文案的传播范围。积极主动的传播态度是新媒体文案得以成功的重要因素之一。新媒体文案应更注重"传"而不是"播"，"播"的目的是为了"传"。首先内容发布者"播"出信息；其后受众通过阅读、点赞、点评和分享等构成传播链条，信息由此"传"开，新媒体时代信息传播的重点在"传"。

一 新媒体传播的特点

新媒体传播是有规律的，在新媒体时代，传播理念、传播规则在不断地更新，新媒体传播呈现许多新的特点。

新媒体传播的特点

（一）速度极快

新媒体为信息传播提供了前所未有的便捷，如今几乎没有"隔夜新闻"，发生在世界上任何一个角落的新闻都能通过新媒体平台迅速地为全球受众所知，这一点是传统媒体无可比拟的。

（二）强互动性

新媒体平台具备互动的功能，可营造有来有往的讨论、互动氛围，引导受众表达观点、与他人联动。平台能够及时得到受众反馈的信息，从而解决受众遇到的问题，改善产品和服务质量。

（三）碎片化

碎片化传播体现在两个方面：一是信息来源的多元化、观察视角的分散化、信息文本的零散性和信息要素的不完整性；二是意见的异质性、分裂性。过去传统媒体所反映出的社会意见的一致性，在新媒体平台上被大大削弱。

（四）大众化

"这是最好的时代，这是最坏的时代，这是智慧的时代，这是愚蠢的时代。"用这句话描述这个众媒时代绝不为过。所谓的"众媒"指的是，新媒体使网络上的每一个普通人既可以是信息的传播者，也可以是信息内容的制造者。众媒时代的信息传播主要有五个方面的特征：一是表现形态丰富，不再受传统表现形式的限制；二是所有的信息生产者都可以成为传播媒体；三是传播呈网状结构，比传统结构更为复杂；四是传播平台众多；五是传播终端多样化。

（五）社交属性

受众在新媒体平台分享内容的行为大多是基于特定的社交目的，如寻求共识、影响他人、分享喜悦、寻求安慰等。在新媒体互动属性的基础上，受众可以通过虚拟世界进行社交。

二 新媒体文案传播路径

新媒体时代的信息传播有着复杂的网状结构，每一个人都是信息的发布者，自由地发布自己的意见或者转发认同的观点。信息的传播遵循的路径是：吸引受众关注——激发受众兴趣——刺激受众欲望——引导受众分享。在传播的过程中，受众的主动权提升了。

新媒体传播的路径

（一）吸引受众关注

在新媒体传播时代，海量的内容不停地在抢夺受众的注意力，吸引受众有限的注意力是进行传播的第一步。吸引受众关注的诀窍在于内容与受众相关，这能够激发受众的好奇心，甚至引发受众的情绪，使受众对文案内容产生共鸣。

（二）激发受众兴趣

成功吸引受众初步关注之后，传播者应该考虑如何持续吸引受众的注意力，让受众产生持久的兴趣。激发受众兴趣的方法有很多，如填补认知缺口、讲故事等。

（三）刺激受众欲望

当受众对内容产生了兴趣，我们就要围绕文案的核心目的对受众进行进一步的刺激，使受众的兴趣上升为强烈的欲望，如获得某些资源的欲望、获得某些礼品的欲望，在这个过程中，制造稀缺感是重点，因为受众会根据获取资源的难易、资源的稀缺程度进行判断和决策。

（四）引导受众分享

当受众具备了对内容基本的欲望，我们就可以引导受众的行为，驱动受众进行内容分享，实现内容的传播。受众分享的动力可以分为三类：利益、社交与兴趣。针对不同情况和不同受众，要采取不同的引导方式。

三 新媒体文案传播的关键要素

文案传播的目的在于让受众完整地接收并反馈信息，同时还愿意把信息分享给朋友，促进二次传播。在传播的过程

新媒体文案传播的关键要素

中要注意四个关键要素。

（一）精准定位传播对象

新媒体传播是基于人群特征的精准投放，因此，新媒体传播者要针对目标受众进行详细的用户画像分析。内容包括做好受众的人口统计学特征统计，包括性别、年龄、职业、爱好、地理位置等；识别受众的需求，思考他们的痛点和诉求；描绘受众的使用场景和行为。

（二）精耕优质传播内容

内容是传播价值的体现，明白了受众是谁，就要使用受众思维，创作受众真正感兴趣的内容。内容创作要注意紧紧围绕着目标受众展开，营造贴近生活的场景，紧密结合受众生活中面临的问题，基于受众的生活方式进行设计。

（三）精心锤炼传播语言

首先，优秀的新媒体文案语言要简洁、流畅，帮助受众快速把握文案要点，因为受众的时间、精力是有限的，必须尽可能地争夺受众的注意力；其次，要根据目标群体的类型选择适当的表达方式，如针对普通大众的信息语言应通俗易懂，针对专业圈子就应用专业的语言体现专业性；再次，新媒体传播者要把抽象、复杂的语言转化成通俗易懂的表达方式，便于受众理解作者观点。

（四）精细组合传播渠道

新媒体文案传播者要根据目标受众活动的平台选择适当的投放渠道，采用多渠道相结合的方式，既保证核心渠道的通畅性，又使渠道之间形成互补关系。

四 新媒体文案传播模式

新媒体的多渠道发展促使传播模式变得多样化，主要包括线性模式和互动模式。

（一）线性模式

在线性传播模式中，信息是单向流动的，如拉斯韦尔在《社会传播的结构与功能》一文中指出了构成传播过程的5个要素：传播者（谁）→信息（说什么）→媒介（通过什么渠道）→接收者（对谁）→效果（取得什么效果），这就是著名的5W传播模式，如图5-1所示。5W传播模式具有较强的普适性。

图5-1　5W传播模式

（二）互动模式

互动传播是一种循环过程，通过这个过程，信息发出者和信息接收者一起创造和分享信息，赋予信息意义，以便相互理解，他们相互作用，相互影响，创造了一个不断循环的互动过程，体现了以互联网为媒介的参与者双方创造和分享信息的动态过程和结构形态。新媒体环境下，互动模式是最常见的模式，如用户可以通过社交媒体分享意见、见解、经验和观点，用户利用微博、微信、抖音等工具在朋友间分享信息，随时随地与亲朋好友进行交流、互动。

本章小结

本章简略介绍了新媒体传播的特点、路径、关键要素及传播模式等内容，帮助读者对新媒体传播建立初步的认识。

第五章　新媒体传播概述

思考

（1）新媒体传播的特点是什么？
（2）新媒体文案传播的路径是什么？
（3）新媒体文案传播的关键要素是什么？
（4）新媒体文案传播的传播模式是什么？

实训

请寻找一篇阅读量10万以上的新媒体文案并分析这篇文案传播的路径、关键要素及传播模式。

第六章
新媒体文案传播策划

▌ 学习目标

- 了解基本的传播学原理。
- 了解主要新媒体平台的传播特点。
- 建立新媒体文案传播的基本思维模式。

▌ 能力与思政目标

- 树立新媒体传播理念。
- 具备新媒体文案传播策划能力。
- 坚持合法、合规、科学地进行新媒体文案传播策划。

课程导入

公司要求负责新媒体工作的小张为新产品的文案进行传播策划,使文案在短时间内得到广泛的传播,阅读量达到10万以上。

思考:如果你是小张,你会如何让这篇产品的文案取得最佳的传播效果?

第六章　新媒体文案传播策划

一、新媒体传播的特性

新媒体是继报纸、杂志、广播、电视等传统媒体之后出现的基于互联网技术和移动通信技术的一种新的媒体形态，它以数字化的形式通过电脑、手机、数字电视等媒介终端传播信息。新媒体所依赖的技术手段、接收终端、信息受众都有别于传统媒体，新媒体信息的传播过程也表现出有别于传统媒体的特性。

（一）传播的海量性

新媒体的出现极度扩大了信息受众的群体范围，同时也为社会大众带来了海量的信息。相较于传统媒体比较单一、有限版面、有限时长的信息而言，新媒体一方面利用电脑、手机、数字电视等多种媒介终端向受众提供信息和服务，另一方面能在众多的网络平台（如微博、贴吧、今日头条等）上展示各式各样的文字、图片、视频等数字信息，让每个受众都可以自由地选择任意平台获取与浏览，传播与分享各种数字信息。

（二）传播的交互性

相较于传统媒体的信息单向发布及受众被动接收，新媒体不仅丰富了信息呈现的形式，拓宽了信息发布的渠道，还让受众在接收信息之后可以反馈自己的观点和感受，实现信息的双向流动，让信息发出方能获得反馈并将其作为下一轮内容生产的参考。受众的交互式参与也让新媒体平台富有生机与趣味，这种参与方式在微博评论区、百度新闻评论区、微信公众号留言区、视频平台的弹幕和评论区等模块表现得最为明显。

（三）传播的多元性

与信息传播的交互性密切相关的是信息传播的多元性，这种多元性体现在发送信息的多元视角和接受信息的多元选择中。新媒体信息融合了文字、图片、视频、音频等信息形式，其发布与传播又实现了信息的跨时空、可检索、可交互、可分享，让受众能够广泛接触海量信息，广泛接触不同观点，广泛参与到热点问题的讨论中，也让受众能够在此过程中优化自身的知识结构，扩大自身的视野范围。这些都极大地促进了多元思想和多元文化的相互交流。

（四）传播的大众性

网络速度的进一步提升，网络终端硬件的进一步优化，网民数量的极速扩张，都促进了新媒体信息能更快更广地向大众传播。更多的新媒体内容与更多的新媒体平台，让受众们足不出户就可以接触到丰富多样的外界信息，同时也让他们可以成为新媒体信息的生产者或舆论话题的制造者，促成新媒体信息传播的碎片化、多样化、大众化。而网络化、群际化、立体化的新媒体信息传播方式呈现出多向传播、多点互动、病毒式分享等特点，让大量信息、观点集中在多样化的信息平台上。一个人只要拥有一部智能手机并身处网络信号覆盖区域，便能够成为新媒体信息的接收者和传播者。

（五）传播的精准性

传播的精准性，即新媒体信息传播方能精准地制作并推送符合特定受众喜好和需求的信息。新媒体传播方在受众画像的基础上对受众进行细分，并为不同类别的受众群体提供个性化的产品和服务，从而提高新媒体传播的精准性、有效性、专业性。在"以受众为中心"的新媒体传播格局下，新媒体传播更加注重受众的个性化体验，这也加大了对新媒体传播精准性的需求，从而有利于新媒体自身的发展。

（六）传播的快捷性

网络技术使新媒体传播具备了快捷性。随着5G时代的到来，手机、电脑等硬件终端品质的提升，即便是大容量的视频信息都可以在全球范围内实现快捷传播。新媒体传播摆脱了时间和空间的限制，加快了信息传播的速度，扩大了信息传播的广度。在数量庞大的网民参与下，新媒体信息二次传播度逐渐加快，也与传统媒体的传播速度拉开了差距，这也进一步体现出新媒体相较于传统媒体，在传播快捷性方面具有明显优势。

二 新媒体文案传播的策划要点

在了解新媒体传播特性的基础上，使用"5W2H"分析法来策划新媒体文案传播，可以更有效地提升新媒体传播效益。

（一）"5W2H"分析法的由来

"5W2H"分析法又叫作七问分析法，是第二次世界大战中美国军队首创的分析方法，具备易于理解、逻辑清晰、富有启发性的特点。"5W2H"分析法创立之初，主要被用于处理工作中的难题，帮助使用者从七个角度查找问题，研究对策，后来被广泛用于企业管理、各类决策、工作执行中。鉴于新媒体传播所具备的六大特性，"5W2H"分析法同样也可应用于新媒体文案传播策划工作中。

（二）"5W2H"分析法的含义

"5W2H"即Why（为什么）、What（是什么）、Who（谁）、When（什么时候）、Where（在哪里）、How（如何）、How much（多少）。如图6-1所示。

"5W2H"分析法较为全面地考虑到实际工作的诸多方面，从目的、人物、时间、方式方法、成本等方面入手，给策划者提供综合思考、策划开展工作

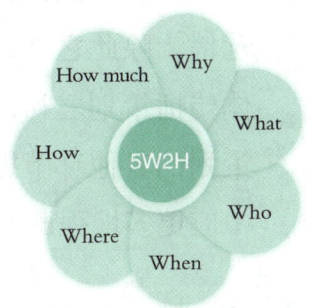

图6-1 "5W2H"分析法示意图

的建议，让工作能高效达到预期目标。下文从七个方面阐述"5W2H"分析法的含义。

Why：为什么要开展这项工作？这项工作的目标是什么？在新媒体文案传播中，可以理解为"传播这篇新媒体文案要达到什么目的"。

What：工作内容是什么？在新媒体文案传播中，可以理解为"这篇新媒体文案传播的内容是什么"。

Who：由谁来做这项工作？在新媒体文案传播中，可以理解为"由谁来发布这篇新媒体文案"以及"面向谁传播这篇新媒体文案"。

When：什么时候做这项工作？在新媒体文案传播中，可以理解为"在哪一年、哪一月、哪一天、哪个时间段发布这篇新媒体文案"。

Where：在哪里做这项工作？在新媒体文案传播中，可以理解为"在哪些平台发布这篇新媒体文案"。

How：如何做才能达到预期工作目标？在新媒体文案传播中，可以理解为"运用什么方式方法去传播这篇新媒体文案才能得到最优的传播效益"。

How much：这项工作需要投入多少成本？在新媒体文案传播中，可以理解为"这篇新媒体文案从策划到传播需要投入多少成本"。

（三）"5W2H"分析法在新媒体文案传播中的应用

1. 明确文案传播的目标（Why）

在新媒体文案传播中，首先要明确的问题就是传播的目标是什么。

一般来说，新媒体文案创作和传播的主要目标一是打造品牌形象，二是产品营销，除此之外，还有预热活动、吸引新用户、分享知识、传播资讯等。在新媒体传播策划之初，只有明确了传播目标，才能锁定工作目标和努力方向，为传播策划的其他环节提供指引。例如，文案的传播目标为产品营销，则在新媒体文案中应更多地强调产品的功效，迎合主要消费群体的浏览喜好等。

2. 深入了解文案的内容（What）

开展新媒体文案传播工作之前，要先深入了解所要传播的文案的主题、框架、核心内容、主要观点、呈现形式（文字、图片、视频等）、篇幅或时长等内容。

由于文案传播平台优势各异，受众需求和喜好不一，在新媒体文案传播中，我们要保证文案主题、内容与平台和受众特点相匹配，以便更精准地投放给合适的平台和受众。例如，若一篇新媒体文案的主要内容是展示一所高校的师资力量，其呈现形式是文字、图表、数据等，那么在此篇文案的传播策划中，可以将文案重点投放在微信公众号上，面向招生对象进行传播；若一篇新媒体文案的主要内容是推荐一款新上市的数码相机，其呈现形式是视频和照片，那么在此篇文案的传播策划中，可将文案重点投放在视频平台、微信公众号上，面向摄影师、摄影爱好者传播。

3. 确定合适的发布者及主要受众（Who）

确定合适的发布者及主要受众，即明确谁来负责文案传播与平台管理，以什么名义来发布文案最理想，有哪些主要受众，他们有哪些兴趣点。明确上述问题后，再根据不同情况在文案中加入摘要或引语，以吸引目标受众的注意，提高传播效率。

新媒体文案传播的成功与否，很大程度上取决于受众定位是否准确。因此，确定一篇文案的主要受众以及确定谁作为发布者尤为重要。在受众方面，可以以地区、年龄段、性别、学历、职业、收入等固定属性作为分类的依据，也可以基于大数据构建用户画像。在明确受众定位的同时，在新媒体传播过程中还要尽可能做到精准投送，从而最大限度地达到预期的传播目标。例如，一篇以推销一款老年人保健品为传播目标的新媒体文案，其发布者最好是养生专家、医疗机构等，主要受众可定位为离退休老年人、城市关爱老年组织、有老人要赡养的中年白领等，传播平台主要为数字电视等中老年人较为熟悉的新媒体平台。

4. 确定文案发布的时机（When）

不同的受众群体在生活规律、行为习惯以及事物的季节性等方面存在差异性，所以，新媒体文案的发布要讲究时机。在这一环节，我们需要考虑文案何时完成，文案涉及的产品何时开始销售，哪个季节发布此文案比较合适，此文案发布时间是否需要定在节假日，一天里发布此文案的最理想时段是哪一个。

如果文案发布过早，则会迅速被之后发布的其他新媒体信息覆盖；如果文案发布太迟，则会错过目标受众的心理期待。如果文案是要营销一款新上市的智能手机，那么文案的发布时机可以选择在该款手机上市前的一个月内或一个星期内。如果新手机上市时间接近元旦、中秋节、国庆节等节假日，就可以选择节假日当天来发布文案。如果文案营销的是季节性商品（羽绒服等），也需要选择恰当的时机发布文案。新媒体文案在一天中的最佳发布时间一般为上午 8 时、中午 1 时、傍晚 6 时等上下班时间点以及晚上 10 时等社交平台使用的高峰时段。

5. 确定在什么平台传播（Where）

在选择文案的传播平台时，需要先确定哪个平台的特定受众群最集中，文案的形式（文字、图片、视频等）比较适合在哪类平台发布，选定的传播平台的影响力是否足够，战略合作平台的合作成本如何等问题。

新媒体文案传播平台选择

文案的形式与内容、用户群特征、平台的影响力等，都是新媒体文案传播策划选择发布平台时需要考虑的因素。如时尚类文案适合发布在年轻用户较多的新媒体平台，视频类文案适合发布在视频类社交平台，老年保健品的营销文案适合发布在数字电视平台，等等。此外，选择传播平台时还要考虑到成本、便利性、口碑、效果等。如营销一款新上市的洗面奶，综合主要目标用户聚集度、平台口碑、发布成本和便利性等因素考虑，该产品发布在天猫、京东等知名电商平台就很合适。同理，营销新上市书籍的文案则更适合发布在当当网等平台。

6. 确定传播的方式方法（How）

新媒体文案传播的方式方法包括投放广告，开展线下活动，建立有限让利模式，引导受众进行二次传播等。

优秀的新媒体文案应该使用恰当的传播方式方法，才能最大限度地实现新媒体传播的最终目标。总体而言，可以按照文案投放前、文案投放中、文案投放后三个阶段总结出不同的传播方式方法。比如，在文案正式投放之前，通过企业公关渠道、企业自媒体、行业网站、网络意见领袖等渠道投放与文案主题相关的信息，提前培育受众期待、心理认同等；在文案正式进入传播流程中时，则搭配满减、抽取红包等促销活动，提升受众关注度；在文案传播后期，则使用口碑营销、病毒营销等模式来实现受众的主动二次传播。例如，在华为Mate30手机于2019年9月26日国内正式发售前，华为就提前一个星期（2019年9月19日）在德国慕尼黑举行了新品发布会，通过线下的新品发布会面向全球发布了新一代5G手机，在官方网站、官方微博、第三方电子资讯平台等线上平台同步发布了华为Mate30手机的产品测评、精美图片等文案，双管齐下，提前培育了用户对这一款手机的认同和期待。在华为Mate30手机正式发售后，华为推出旧品换新、指定用户折价等活动，并与广大代理商和电商平台合作推出优惠购机等活动，极大地提高了全社会对这款手机的关注度，让华为Mate30手机在上市60天的全球销量突破700万台。作为上市的第一代5G手机，华为Mate30手机拥有强大的技术支持和卓越的品质，于是华为又利用文案受众乐于分享的心理，使得华为Mate30手机在微信朋友圈、微博等平台获得多级传播，进一步提高了产品的销量和市场占有率。

7. 衡量传播的成本（How much）

新媒体传播其实也是一种投资，期间投入的人力、物力、时间和资金都需纳入成本计算，从而更精确地计算出产品的投入产出比。衡量传播成本，需要考虑以下要素：传播的总体目标，拟定的传播方案需要投入的资金预算（资金成本），传播的时间周期（时间成本），需要的工作人员数量（人力成本），为完成传播需要采购的物料数量（物力成本）等。在确定这些要素的基础上，衡量付出与收获的比值，根据需要调整传播方案，力求降低成本，提高效益。

在新媒体平台投放广告会获得较高的曝光率，但也需要考虑广告成本，预估广告收益与广告成本的投入产出比。借助网络大V、娱乐艺人的流量进行热点营销，需要考虑明星的"出场费"成本，预估明星效应获得的收入能否抵消明星的"出场费"。通过新媒体平台传播文案可以最大限度降低成本，但是需要考虑能否达成传播目标。在进行新媒体平台传播的同时开展线下活动，则需要考虑人力和物料、场地租金等成本。例如，为推广主打强劲拍照功能的产品，OPPO品牌方便请了数位艺人为品牌代言人，并邀请他们参加线下推广活动，这一传播方案一方面充分考虑到了OPPO手机主要面向年轻群体发售，另一方面又测算出这些广受年轻人追捧的明星带动的手机巨额销量完全可以填补代言人广告费支出，并为企业带来高额利润，还能提高 OPPO 品牌在全球的用户占有率。

以上分别从七个方面分析了"5W2H"分析法在新媒体文案传播中的使用思路，新媒体运营者应尽可能全面权衡各因素的利弊，综合取舍，最终做出相对合理的传播方案。需要强调的是，在具体的传播策划过程中，运营者不应生硬地套用"5W2H"分析法，而应有机融合，统筹拿捏，综合盘算，最终整理出最佳方案。在具体的应用过程中，我们可以把思路整理为如表 6-1 所示的表格。

表 6-1　某新媒体文案传播策划思路（使用"5W2H"分析法）

目标 （Why）	内容 （What）	对象 （Who）	时机 （When）	平台 （Where）	方式方法 （How）	成本 （How much）
……	……	……	……	……	……	……

基本结论（示例）：
　　这篇以……为目标的文案，主要包含……内容，由……撰写、发布，适宜在……平台面向……用户发布。考虑到存在……成本，本文案适宜采用……的方式，在……这一时间段进行发布和传播。

案例 6-1

2020 年 4 月 1 日，图虫在《中国摄影报》的微信公众号平台发布了一篇名为《免费摄影课 | 超干货！高人气影像创作者手把手教学，适合所有摄影爱好者》的推文，部分内容如图 6-2 所示。

使用"5W2H"分析法，可以分析出这篇文案的传播策划思路如下：

1. 目标（Why）：该文案主要宣传推广免费的摄影直播课程，以此提高图虫品牌的曝光量和知名度，以免费的摄影直播课程直接吸引摄影爱好者注册平台，并在微信朋友圈转发分享，间接达到吸引更多用户的目标。

2. 内容（What）：文案的内容主要是预告即将在 4 月 4 日至 4 月 19 日上线的

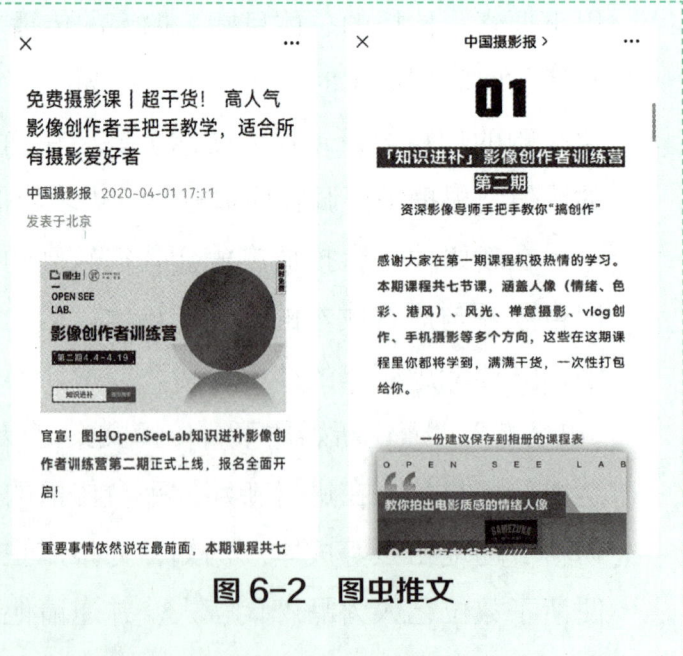

图 6-2　图虫推文

第六章　新媒体文案传播策划

摄影直播课程，告知用户直播课程的开课时间、开课平台、课程安排、师资团队、听课福利、报名方法、社群圈等信息，并提供一键下载图虫APP、扫码入交流群等旨在吸引用户的信息。

3. 对象（Who）：文案由图虫官方撰写、发布，主要面向以年轻人为主体的摄影爱好者、图片后期处理爱好者、影楼从业者等用户群体。

4. 时机（When）：直播课程将于4月4日晚8时开讲，所以该文案需要在4月4日之前定稿，提前在网络上发布，进行活动预告。所以，文案的发布时间不能晚于4月4日，但是也不宜过早发布，以免被网络上巨大的信息量覆盖和淹没而被用户忽略。经综合研究，最佳的发布时机为直播课程开始前的1~3天。

5. 平台（Where）：图虫是北京字节跳动科技有限公司旗下的新媒体平台，给中国优质的摄影师提供分享交流的社区和成长平台，具有大量的忠实用户。但为了进一步提升平台的曝光度，吸纳更多新用户的关注、入驻，该文案除了在图虫自家平台发布以外，还要在行业权威性高、影响力大、用户关注度高的第三方平台发布。《中国摄影报》官方微信公众号依赖于国内摄影第一报刊——具有20多年历史的《中国摄影报》，其品牌声誉和影响力首屈一指，是摄影类文案理想的发布平台之一。

6. 方式方法（How）：首发在图虫平台的预告类文案，需要修改为更符合微信公众号平台特点的形式来发布在《中国摄影报》微信公众号上，同时突出摄影直播课免费的特点，听课福利、报名引导等也要凸显出来，从用户的角度营造潜在的获得感。图虫在与《中国摄影报》的互利合作沟通过程中，应明确双方的权利和义务，避免产生不必要的纠纷。

7. 成本（How much）：合作双方作为摄影行业知名的媒体平台，互利共赢是双方的共同目标，所以图虫在《中国摄影报》官方微信公众号上发布文案的成本不会太高。除了版面成本以外，该文案的发布和传播环节一般不存在其他成本。

综合上述分析，可将该新媒体文案传播策划思路梳理为表6-2。

表6-2　图虫免费摄影课新媒体文案传播策划思路（使用"5W2H"分析法）

目标（Why）	内容（What）	对象（Who）	时机（When）	平台（Where）	方式（How）	成本（How much）
①宣传推广免费的摄影直播课程；②提高图虫品牌的曝光度和知名度；③吸引新用户。	免费直播课程的开课时间、开课平台、课程安排、师资团队、听课福利、报名方法、社群圈等信息。	①作者：图虫官方团队；②用户群体：以年轻人为主体的摄影爱好者、图片后期处理爱好者、影楼从业者等。	直播课程开始前1~3天。	①图虫官方平台；②《中国摄影报》官方微信公众号；③其他具有影响力的摄影类新媒体平台。	①调整文案形式；②突出"免费""福利""报名方法"等信息；③与第三方平台就文案发布工作明确双方权责。	版面费用。

基本结论：

　　这篇以推广免费直播课程、提高图虫知名度、吸引新用户为目标的文案，主要包含免费直播课程的开课时间、开课平台、报名方法等内容，由图虫官方团队撰写、发布，适宜在图虫自家平台或《中国摄影报》官方微信公众号等知名摄影类新媒体平台，面向摄影爱好者与图片后期处理爱好者等用户群体发布。本传播方案所需成本较低，且考虑到直播课程将在4月4日晚8点开讲，本文案适宜在4月1日至4月3日之间发布和传播。

三 新媒体传播平台的特点

在现在这个数字化媒体盛行的年代，新媒体平台众多，主要有斗鱼、虎牙、YY 等直播类平台，喜马拉雅、荔枝等音频类平台，新浪微博、微信公众平台、豆瓣等社交类平台，企鹅号、百家号等自媒体平台，抖音、快手等短视频平台。

在新媒体文案传播策划中，对新媒体平台的选择，除了要考虑文案内容、形式、传播目标与主要用户等因素，还要考虑新媒体平台自身的特点。综合上述因素，选择最适合发布文案的平台来开展新媒体传播。

（一）新浪微博的特点

1. 用户数量庞大

据相关数据显示，新浪微博的日活跃用户已超 2 亿。微博大 V 数量已超 5 万（大 V：粉丝数量大于 50 万或月阅读量大于 1000 万的用户）。新浪微博持续推进社交赋能，保持数以亿计的在线用户，不断扩大其在中国社交媒体平台的影响力。

2. 文案形式多样化

新浪微博可以发布的文案包含文字、图片、音频、视频等形式，在这些形式的基础上，又衍生出直播、话题等文案形式。并且新浪微博的文案可以设置定时发布，但其文字篇幅有所限制，最多可发布 2000 字的内容。

3. 平台开放性强

作为主打社交的新媒体平台，新浪微博允许未注册用户以游客身份自由浏览平台信息，通过搜索栏查找、浏览到其他注册用户的信息。但若要进行转发、评论或点赞操作，则未注册用户必须在新浪微博平台进行注册。

4. 容易实现多级传播

新浪微博具有便捷的转发以及提醒特定用户的功能，平台拥有丰富的广告位资源与庞大的用户群体，入驻了大量的娱乐明星、网络大 V，和第三方传媒公司。

这一系列平台优势都可让信息在新浪微博平台轻易实现多级传播。比如，央视新闻在新浪微博平台发布以"武汉开往春天的列车"为主题的文案后不久，便获得了大量转发，实现了有效的多级传播，如图6-3所示。

图6-3 央视新闻在新浪微博发布的文案

（二）微信公众平台的特点

1. 用户数量庞大

据微信平台于2020年1月发布的《2019微信数据报告》显示，2019年微信月活跃账号数量已超11亿。微信作为一款时下热门的即时通信社交软件，其用户群体几乎覆盖了我国所有年龄段的人群，是我国十分重要的网络社交软件。微信庞大的用户群成为了微信公众号的潜在用户群。

2. 传播有效性较高

微信不同于其他相同定位的社交平台，其建立的朋友圈中的好友均是用户已经认识的人，这样建立起来的人际网络是一种熟人网络。微信公众号的传播是一种基于熟人网络的

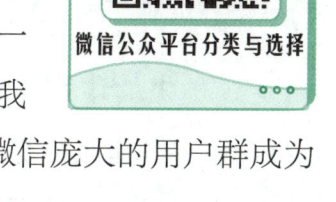

小众传播，其信任度与到达率明显高于传统媒介，拥有较强的传播时效性。

3. 广告运营模式成熟

微信公众平台可以基于用户的产品兴趣、地理位置、终端设备、消费习惯等多方面精准投放广告，广告的精准投放避免了广告对非潜在用户的干扰。此外，第三方广告公司也大量入驻微信公众平台，他们将广告发布在朋友圈、微信公众号中，如图 6-4、图 6-5 所示，借助微信平台成熟的广告运营模式，实现广告的精准投放。

图 6-4　微信公众号"一周进步"上的广告

图 6-5　微信公众号"视觉志"上的广告

（三）直播平台的特点

1. 用户体验感强

与其他社交平台相比，直播平台能够把处于不同空间的发布主体和用户连接在一起，能够满足用户全面了解产品及活动的需求，并最大限度打消用户对产品及活动的疑虑。直播平台的互动也是即时的，更加适用于产品营销类的活动。

2. 趣味性较强

直播平台建立之初，其性质多是偏向娱乐性功能的趣味才艺秀。作为能更好地集中视觉注意力的新媒体平台，直播平台更注重主播的屏幕形象以及直播过程的娱乐性、趣味性。直播方合理地设计直播环节，同时，采取邀请明星参与直播，增加直播的互动性等手段，可以吸引更多用户长时间关注。

3. 众多直播平台各具特色

如今的直播平台种类繁多，竞争激烈，主要有以一直播为代表的综合类直播平台，以斗鱼直播为代表的游戏类直播平台，以六间房为代表的秀场类直播平台，以网易云课堂为代表的教育类直播平台等。各类型直播平台运用的营销策略和其核心用户都有差别，我们可以根据文案的受众和文案属性选择合适的平台。国内较主流的直播平台如图 6-6 所示。

图 6-6　国内较主流的直播平台

（四）知乎平台的特点

1. 突出的专业水准

知乎是一个优质的知识问答社区。类似于其他社交平台的"话题"功能，知乎平台也对各类问题进行了清晰的专业属性划分，用户可以根据自己的兴趣和疑问搜索相应领域的问题。以专业属性为基础而划分出的用户也具备较高的专业学识，可以在他们擅长的领域给予用户专业的问题解答，同时也提升了知乎平台的专业性。此外，知乎平台还针对不同问题设计了母话题和子话题，方便用户扩展知识。

2. 清晰的用户属性

知乎平台的核心用户主要来源于高新技术产业、金融业、艺术娱乐行业等，并且来自北上广等一线城市的用户占比较高。因此，知乎平台适合传播上述行业的媒体信息，并且主要面向一线城市用户进行传播。

3. 便于信息的多级传播

知乎平台的用户大多抱有分享知识，获得知识的主观目标。用户在知乎平台上回答问题（分享自己的专业知识）或获取知识后，并不意味着信息传播或社交行为的结束。用户基于兴趣与知识分享目的的转发、点赞等行为，会促进用户之间的交流，也会促成信息的多级传播。

（五）简书平台的特点

1. 适合文字形式的文案传播

简书是一个以写作和阅读为主的社交平台，其用户绝大多数是文字创作和阅读爱好者。因此，简书是比较适合文字形式文案传播的新媒体平台。

2. 文字的整体质量比较高

不同于微信公众平台等包含多方资讯的平台，简书在市场定位、运营机制上鼓励用户发布原创文字内容，给予他们免费曝光的机会。而文字爱好者本身的文字功底较为扎实，因此简书平台容易形成较好的写作和阅读交流氛围。

3. 注重内在美与外在美的统一

简书平台鼓励文字创作者创作具有情怀、情感、态度的作品，同时鼓励文字创作者在形式设计、文本编排等方面展现出文案的外在形式美，旨在让文字作品能在新媒体时代获得更高的关注度，降低新媒体文案的"跳出率"。

（六）短视频平台的特点

1. 真实性较强

与简单的文字、图片相比，短视频更具真实性。视频内容的连续展示，在视觉上可信度高，容易取得用户的信赖。

2. 能迎合用户喜好

在现在这个生活节奏不断加快的时代，用户更偏好利用碎片时间浏览网络信息，而且对形式呆板的文字缺乏耐心，对只有视觉享受的图片也更加挑剔。因此，兼具视觉与听觉享受的短视频得到了用户的青睐，并且短视频短小精悍的特点也符合用户在碎片时间里的使用需求。现今短视频平台较多，典型的如抖音、快手等。

除了上面列举分析的新媒体平台外，还有十分多的新媒体平台没有列举和分析。在新媒体文案传播策划中，我们除了要准确定位所要传播的文案的属性特征、预期目标，还要综合调研现有新媒体平台的功能特色、主体用户等，再结合"5W2H"分析法进行策划和推演，最终制订出一份较为优秀的新媒体传播方案。

本章小结

本章主要介绍了新媒体传播的特性、新媒体文案传播的策划要点及新媒体传播平台的特点。读者要重点学会怎样将"5W2H"分析法应用到新媒体文案传播策划中，熟悉各类新媒体平台的特点。

（1）请问新媒体传播具有哪些特性？
（2）请问新媒体文案传播策划的要点包括哪些内容？

假设你要为扶贫村的农产品进行新媒体文案传播，请为其进行传播策划。

第七章
新媒体文案传播法则

学习目标

- 掌握新媒体语境下传播方式、关键人物和环境对新媒体文案传播的影响。
- 掌握新媒体文案传播的基本法则。

能力与思政目标

- 培养新媒体文案传播的意识和能力。
- 熟悉并严格遵守新媒体传播的法律法规。

课程导入

某公司上级认为公司的新媒体文案质量较好,但阅读量过少,没有起到传播公司新闻、产品的作用,要求小张研究微信公众号的文案传播规律,从中汲取经验,推动公司新媒体工作的开展。

思考:如果你是小张,你能总结出微信公众号文案传播的成功体现出的新媒体传播法则吗?

第七章 新媒体文案传播法则

新媒体文案传播的目的是使文案得到最大范围的传播，使更多的受众知悉相关产品、事件等。除了少数质量极高的文案能够得到自发的传播，大部分文案的传播需要详细而周密的规划。新媒体文案传播要先解决人、物、环境这三个变量之间的关系问题，再选择与之适配的内容和服务。因此，本章内容从人、物、环境三个方面入手，探讨新媒体文案传播的法则。

一 利用人物网络传播

不管是传统媒体还是新媒体，它们的发送、传播、接收对象始终都是人，它们的信息都始于人而终于人。因此，人既是信息的"源"也是信息的"本"，信息传播的核心目标都是人，即受众。

利用人物网络传播

（一）新媒体时代的受众理论

在新媒体传播中，受众便是接收信息的人。在传统的传播学理论中，受众是观众、听众、读者的统称，他们是传播过程中信息所到达的终点。受众既包括大规模信息传播中的群体，即期刊的读者、广播的听众、电视的观众等，也包括小范围的信息交流中的个体，如一对一咨询中的听众。传统媒体中，受众是与媒体传播者相区别的一个相对固定的群体，在信息传播的过程中，他们只能被动地接受媒体传播者所传播给他们的信息内容。

从传统媒体时代到新媒体时代的变革，所体现的一个重要变化就是传统受众群体规模的缩小，能够体现独立意志的个人逐渐成为新媒体的主人。在传统媒体时代，信息渠道的不畅通使得手中信息渠道多、消息灵敏的人非常受欢迎，他们甚至在大众传播中获得了"信息领袖"的地位。在这种情况下，占有信息渠道优势的"信息领袖"在不断壮大自己力量的同时，也在不断提高自己的市场地位，其结果是一方面严重影响了信息生产的积极性，另一方面使大众传媒业充斥着不断复制的信息和翻新的信息。而新媒体的出现削弱了"信息领袖"的传播控制权，使受众不再是传播活动中的被动接收者，而成了发散型传播网络的中心。由于新媒体的互动性，传播者和受众之间没有了明确界限，两者甚至可以相互转换，受众的选择空间也扩大了。一部分有条件的受众还摆脱了被动的局面，也成为了信息传播的参与者。从受众的角度考虑，新媒体具有互动性、选择性、主动性的特点。

1. 新媒体的互动性

传播学理论认为，任何的传播行为都应该是双向的，只有及时获得受众的反馈才有可能达到理想的传播效果。但是由于受经济及技术手段限制，传统媒体的传播尤其是大众传播大多数都是单向的，只有少数传播方式能够获得受众的反馈。传统媒体中的受众大多处于被动接受信息的地位。

与传统媒体平台不同，互联网颠覆了传统媒体旧有的传播模式，让媒体实现了类似人际交流的双向信息传播模式，即互动性模式。互联网是一个能实现双向乃至多向交流的媒体平台，而手机、平板电脑等新媒体设备让实现这种交流的步骤和空间得到了简化和拓展。互动性是新媒体较之传统媒体的优越性之一。在新媒体中，受众拥有前所未有的参与度，他们可以由被动变为主动，随心所欲地从媒体中获取所需信息，也可以自主地参与新媒体的各类传播活动。通过这些方式，新媒体和受众之间实现了充分的双向交流。新媒体的互动性导致传播者和受众之间的关系发生了一定的变化，两者可以相互转换，传播者和受众之间也没有了明确的界限。新媒体传播的互动性促成了受众的主动性，使受众在新媒体活动中的参与度大大增强。

2. 新媒体的选择性

在传统的大众传播过程中，受众往往只能被动地接收大众媒体所传递的信息。通过新媒体，受众可以对信息进行自由选择，包括选择信息内容、接收形式、接收时间、接收顺序。新媒体的信息形式是多样的，不仅有文本，还有声音、图像等供受众自由选择。在信息编排上，新媒体除了对少数重大新闻事件采取同步直播的形式外，对大多数信息采取异步传播的形式，在网络上发布文本、声音和图像等信息并随时更新，让受众可以按照自己喜好选择性地浏览或下载信息。新媒体改变了传播过程中受众的地位，让有条件的受众不仅可以从被动接收信息变为主动地、有选择地获取信息，还能够主动地发布信息。

3. 新媒体的主动性

传统媒体是点对点的传播，传播者一般处于中心控制地位，受众较少有主动传播的余地，受众的个性化选择受到一定程度的制约。广播、电视等传统媒体的传播形式是强制性、灌输性的线性传播，迫使受众只能按照时间顺序线性地接收信息。传统媒体有两个特点：一是单向推送式传播，将经过编排的信息单向推送给受众；二是点对面式传播，单个媒体能向众多受众推送同一条信息。传统媒体推送信息的特点，决定了受众获取信息的方式。这种获取方式一方面是被动的，受众无论愿意与否，只能接收固定的信息；另一方面是群体性的，所有受众只能接收同样的信息。

新媒体打破了传统媒体的单向传播模式，使信息传播有了双向交互的特点。这种传播特点使受众获取信息的方式具备了主动性和个性。受众能根据自己的需要，从丰富多彩的海量信息中选择性地获取信息。这种传播模式大大增强了受众的自主性。

新媒体的出现，让受众不再是被动的信息接受者，而成了主动发现，选择，处理信息的主体。传播者与受众之间的关系也因此发生了根本性的变化，"受众中心"替代了"传播者中心"，受众的地位和需求得到了充分的尊重。

由于市场经济的冲击和用户观念的改变，现在的受众不再满足于"你说我听""你播我看"的传统传播方式，他们对信息提出了不同的期许和需求。另外，主体意识的增强，使得受众的参与意识与以前相比有了很大的提高，新媒体的发展和传播技术、手段的不断革新促进了个性化传播的发展。除了传播方式的变革，经济、文化、个人生活等的多样化，也加速了个性化传播的发展。

鉴于新媒体的互动性给受众带来的选择性和主动性，我们在开展新媒体传播和运营时，需要构建用户画像，抓住受众中的关键人物，以实现扩大传播范围的目的。

（二）构建用户画像

构建用户画像是新媒体工作的重要组成部分，也是利用人物网络的关键步骤之一。构建用户画像的具体方法详见第二章。

（三）抓住关键人物

《纽约客》杂志专栏作家马尔科姆·格拉德威尔在其创作的《引爆点》一书中提出，任何一场流行时尚到来时，总有几个引发流行的关键人物。他们独有的能力、特点和社会关系，再加上他们的热情和个人魅力，能够高效、快速地将信息在一定范围内散播出去。

1. 关键人物使信息传播更有效

美国社会学家、传播学者哈罗德·拉斯韦尔曾描述过信息"装配线"上的关键人物，他认为定居的村民有时拥有为游牧人和偏远部落人传递信息的"中继站"功能，这是因为他们偶尔会和原始部落人接触。拥有"中继站"功能的人可能是教师、医生、法官、税务官、军人、小商贩、推销员、传教士或学生。马尔科姆·格拉德威尔在此基础上对关键节点上的人物进一步细分，将关键人物（又叫作个别人物）分为传播信息的联系员、提供信息的内行和说服别人接受信息的推销员三大类，即关键人物法则（又叫作个别人物法则）。关键人物法则说明了真正决定事物流行的个别人物是信息传播中的关键人物。

（1）联系员

他们的关系网络比较好，有比较大的影响力。这类人可能因为他们的职业原因而天然具备这类优势，比如律师、记者等。或者因为性格开朗、涉猎广、爱交际，他们经常能收集到很多最新信息。新媒体传播者要尽可能多地发现这种有联系员特征的个人或组织，如微博中的大V，并与其建立良好的关系，充分利用其传播影响力传播信息。

（2）内行

这类人存在于我们每个人周围，是各行各业中的顶尖人才，或者是对某类事物特别痴迷，特别在行的人，比如各个新媒体平台上活跃的各行各业的专家。他们掌握着专业信息，也有能力把信息迅速传播出去。同时，他们乐于与别人分享他们所掌握的信息。鉴于这类人的专业水准，他们的发言也容易得到受众的认可。因此，当新媒体传播者做推广时，要找到内行，充分利用他们的行业认可度传播信息。

（3）推销员

这类人的特点是自信，社交能力强且拥有活力，非常擅长且热衷于分享一些自己喜欢的事物。同时，他们拥有的感染力也很容易影响到他人。某些非常愿意分享和推广的群体就是此类人员，如小红书平台上的时尚博主。当信息通过联系员或内行传播出来时，就需要推销员来说服用户接受这些信息。

以上三种角色不一定是分开的，可能有的人同时具备两种甚至三种角色的特点。由关键人物法则推导，新媒体传播者只要抓住了传播中的关键人物，就能高效地传播信息。

2. 关键人物法则源于六度分隔理论

关键人物法则源于六度分隔理论。六度分隔理论又称为小世界理论，可通俗地阐述为：你和任何一个陌生人之间所间隔的人不会超过六个。也就是说，最多通过六个人你就能够认识世界上任何一个陌生人。

美国社会心理学教授米尔格兰姆提出了六度分隔理论。该理论认为，在人际交往中，任意两个陌生人可以通过少量的中间人最终建立联系。六度分隔理论说明了人际关系中普遍存在的"弱纽带"能够发挥非常强大的作用，通过"弱纽带"，人与人之间的距离可以变得非常近。

此后，研究人员以好莱坞明星凯文·贝肯为实验对象，进一步验证了六度分隔理论，得出了贝肯数的概念，他们还制作了一款与凯文·贝肯和六度分隔理论有关的游戏。玩家在游戏中能将任意一位演艺界明星用不超过六部电影与凯文·贝肯建立联系。这款游戏引发了人们对于人际关系乃至传播关系的进一步思考。

为什么要将凯文·贝肯作为这款游戏中的主人公呢？因为他是一位作品很多且人气颇高的好莱坞演员，他扮演过的角色涉及多个领域、多种文化和多种社会地位。如果仔细研究可以发现，凯文·贝肯在这个游戏中起到的作用类似于关键人物中的联系员。因此，在新媒体文案传播中，找到关键的传播人物至关重要。

3. 寻找关键人物

作为新媒体传播者，应该怎样寻找传播的关键人物呢？

（1）关注相关论坛

新媒体传播者可在行业论坛或自己的产品论坛上找到关键人物，并依靠关键人物进行推广。这些关键人物一般是某些领域的"发烧友"，他们对各自领域的产品具有强烈的好奇心和探知欲。当他们在论坛上提出的相关意见、建议被运营人员重视和采纳时，他们就会产生归属感，进而会在日常生活中不遗余力地向自己的朋友分享相关信息，推荐产品。

（2）利用客服电话

新媒体传播者可通过客服识别关键人物。有经验的客服可以发现那些经常留言咨询且比较专业的内行。

（3）重视用户名单

新媒体传播者可通过相关调研，电话回访或软件测试等识别出一些关键人物。忠实用户一般会关注并多次购买产品及相关服务。而在软件测试领域，除了软件内行，一般人根本不愿意花时间对免费软件进行研究，因此愿意参与软件测试的用户很有可能就是关键人物。

（4）培育社群种子用户

在产品上线之初，传播者会事先积累高质量粉丝，培育社群种子用户，塑造指引者形象。种子用户将会影响社群、公众号的长远用户规划，分担社群管理工作，引导用户话题，起到推广产品和服务的作用。

（5）与各个新媒体平台的大V合作

各个新媒体平台的大V均积累了大量的粉丝，如果能与他们合作，那么传播的范围将会扩大，传播的效率也会得到极大的提升。但是与大V合作需要付出较高的成本。

但需要特别指出的是，除各个新媒体平台的大V之外，其余关键人物一般不能和新媒体传播者有直接利益关系。关键人物的作用之所以强大，是因为他们的观点和行为是客观的、无私的。一旦普通受众知道关键人物受雇于某新媒体传播者，关键人物就会在受众心中失去好感和权威性。

二 利用环境影响传播

从传播学的角度看,影响传播环境的因素包括社会环境和人际关系。社会环境(经济环境、人文环境、政治环境等)让人处于不同的情境中会有不同的行为及产生不同的思想观念,人际关系同样能使人在不同的群体环境中而产生不同的思想观念及行为。人受群体的影响,但群体具有一定的影响范围。有研究表明,150人是最合适的群体范围。在这个范围内,新媒体传播者最能凭借环境的威力实现信息的高效传播。

利用环境影响传播

(一)社会环境影响

破窗理论认为,如果一栋楼的少许窗户被打破了,过了很久也没有人来修理,行人就会据此推断,这栋楼没人关心,没人管理,接着这栋楼就会有更多的窗户被打破。这种理论认为,犯罪是秩序混乱的必然结果。同理,如果地铁的一节车厢上出现一些涂鸦而没被清除掉,那么周围的车厢很快也会布满涂鸦。

环境威力法则认为,人们的心理和行为,有时取决于人们身边细微的环境因素。人们潜意识中对自己周围环境的敏感程度比自己想象的更高。环境威力法则的意义在于指出人们对于环境不只敏感,而且极度敏感,那些可以使流行趋势减缓的环境因素,与人们通常料想的非常不同。

环境威力法则属于环境决定论,它认为人的行为是社会环境作用的结果,外部环境决定着人们的内心状态。在某些具体情境下,人们内在的潜意识会服从于强大的情境。在某些特定的时间、地点、条件下,环境会改变或决定一个人的选择。

因此,虽然在大部分的情况下社会环境不是新媒体文案传播者能够左右的,但进行新媒体文案传播的时候我们需要考虑受众所处的环境并做出相应的传播策略,甚至需要顺应当下的社会环境,让信息在环境中自然流动,传播。

（二）人际关系影响

人们的人际关系也同样影响着人们的行为和观念。心理学家认为，群体暗示对人们的影响比环境暗示要大得多，人们对群体暗示更加敏感。大多数人看起来性格稳定，那是因为他们能够很好地掌控他们所处的环境。一旦人们进入群体环境，他们就很容易受到影响。群体内的人，更容易丧失自我个性而服从于群体，最终形成群体性的价值观，服从于群体规范，这类现象被法国心理学家古斯塔夫·勒庞称为群体心理。群体心理具有传染性。在群体中，任何情绪、任何行为都会影响群体中的个体，从而引发从众行为。

从众行为是指个体为防止自己的态度、观念与群体的规范相左而产生纠葛，从而主动改变自己的态度、观念的行为。从众行为的本质是人们受真实或想象中他人的影响而改变行为。

从众行为因群体环境影响而产生。人类是一种重视社会群体生活的动物，因而容易产生害怕因差异而被孤立的不安心理。当人们发现自己的行为与群体不同时，因为不自信，他们会改变自己的行为，以符合群体的需求。

美国心理学教授米尔格兰姆曾进行过人际行为影响力的实验。实验中，分别让不同数量的实验员站在街头做出仰望天空的动作，监测周围行人中有多少人会受到影响而做出同样的动作。实验结果是，当一位实验员仰望天空时，只有少数行人受其影响，做出抬头望天的动作；当实验员增加时，周围的行人中被影响而驻足仰望者大大增加。实验最终发现，受影响的人数和停留的时长会随着实验员人数的增加而增加。这个实验表明了群体大小对从众的个人行为的影响程度不同。

此外，米尔格兰姆还做过食物评价的从众实验。他故意制作出难吃的食物给实验员和被实验者试吃，让实验员回答"好吃"，看被实验者试吃后会如何作答。实验发现，当实验员是一个时，被实验者会说出自己的真实感受；当实验员增加到三人时，从众行为逐渐出现，被实验者回答"好吃"的人数百分比逐渐升高；试吃结束后，米尔格兰姆在其他房间询问被实验者的真实感受时，得到的回答更加偏离事实。这个实验表明，群体感受以及群体氛围能够形成一种压力，能影响个人感受的表达。

社会上的种种谣言会对人们的行为产生影响，这很大一部分原因就是大家相信了谣言，并且受到了周围人的影响，产生了从众行为。

从众行为对用户的购买动机及行为产生着巨大的影响。在以往的文案传播经验中，既产生过追求趋同化的流行，也出现过寻求差异化的流行。作为新媒体文案的传播者，我们要认真研究人际关系对文案传播的影响，准确抓住受众群体的从众心理，也要适度考虑受众的个性化需求，为产品打造良好的口碑。

当然，人际关系影响的人群范围并不是无限大的。英国牛津大学的人类学教授罗宾·邓巴根据对猿猴智力与社交网络的研究推断出：由于人类的脑容量有限，人类智力允许人类拥有的稳定社交网络的人数最多约为150。这就是150定律，即著名的"邓巴数字"。因而，150是一个人社交人数的上限，一旦超过这个上限，这个人将会降低自己在各方面的效率。

因此，要想引爆一个产品，首先应该考虑在同一个群体中传播该产品的相关内容。如果在资源有限的情况下，产品传播活动的推广宣传则需要单点突破。首先可以向某一个地理区域逐步辐射，以此让此区域中的群体拥有共同认知。当此区域中的群体开始讨论产品相关内容的时候，产品信息就已经在人际关系中自发地被传播了。如果选择分散传播的策略，则很难依靠人际关系产生影响。

新媒体传播是以社交为基础的传播，每个个体都是一个传播的节点。用户间可无限次地传播内容，每一次传播都会带来一系列的裂变。用户起始数的多少不是最重要的，重要的是新媒体文案被分享和转发的次数。因此，传播者必须具备基本的裂变思维，经营一切跟传播有关系的社交人脉。

（三）利用社会环境和人际关系营造传播环境

如何营造良好的传播环境呢？可以从持续传播、多重体验、爆款传播、社群传播四点上发力。

1. 持续传播

新媒体传播者要长期坚持发布有价值的信息，要持续传播内容。新媒体文案的内容需要有亮点，以加深用户对新媒体文案的印象。

有一种理论名为"30天荷花定律"。在一个池塘里，有一大片待放的荷花。第1天开放的只有一小部分。第2天，它们会以前一天两倍的速度开放。到第30

天，荷花就开满了整个池塘。但是，你知道什么时候荷花开了一半吗？很多人都会认为是第 15 天。然而事实并非如此。到第 29 天时，荷花才开了一半，直到第 30 天，才会开满整个池塘。最后一天荷花开放的速度最快，等于前 29 天的总和。

30 天荷花定律体现的是从量变到质变的道理。成功需要厚积薄发，需要沉淀，新媒体传播同样如此。我们在有限的时空内，持续向受众传达一条信息，使信息形成海量覆盖。当受众第一次看到一条信息时，他可能不会注意。但当他反复看到同一条信息时，不管这条信息的内容是什么，他可能都会点开看一下。因此，我们要善于用多种形式反复强化同一信息，达到"1+1+1 > 3"的效果。

要想做到持续传播，我们要注意以下几个方面。

（1）传播投入的持续性

要在同一平台或不同的平台上持续传播同一主题信息，坚持将新媒体文案的持续传播贯穿整个活动项目，加深受众印象。

（2）传播内容的连续性

要在一条主线的贯穿下，从不同角度进行新媒体文案的全方位、立体式、连续性传播，形成由浅入深、前后呼应的宣传营销态势。

（3）传播口径的一致性

在传播中，新媒体传播者与受众间的多次沟通要统一口径，持续不断地向受众进行传播。传播者要通过循序渐进的主题引发受众共鸣，同时潜移默化地塑造一种品牌文化或者价值观念。

另外，我们要长期坚持积极、有效地响应受众反馈。对于新媒体平台上受众提出的问题或者意见，我们都应该加以关注，分辨其重要性，及时做出必要的响应。这些问题或意见中，有的是探讨，有的是咨询，有的是质疑，有的是埋怨，有的是批评和指责，有的是误解或挑衅。对这些问题和意见我们要分门别类，积极应对，更要进行深层剖析，找到关键点或要害点，从而使响应变得有效。

2. 多重体验

体验式传播是新媒体时代下传播的新支点。体验式传播是指在信息传播过程中，要从感官、情感、思维、行为、认可度等方面关注受众对信息接收的外在和内在需求，从而设计相应的传播方式。

多重体验传播，即用多种不同的形式强化传播同一个主题的信息，进行持续不断地传播，最终达到引爆热点的目的。

据资料显示，某鞋类品牌通过新媒体为受众提供多重体验，在营销上赢得了年轻人的喜爱。从别出心裁的海报设计，微博等平台上明星红人的体验照片，到官网的预售，再到实体店外年轻人彻夜排队等待购买，该品牌用"多重体验＋饥饿营销"的组合引爆了传播热点，使当季的许多产品成了爆款。

新媒体传播者运用创意，在新媒体社交平台和搜索平台上激发受众主动的传播，是新媒体时代成功实现多重体验传播的关键。一个成功的新媒体多重体验传播方案设计要注意以下几点。

（1）重视受众的体验

传播者在设计传播方案时除了依靠媒介数据，自己也要主动接近受众，构建出精准的受众画像。要站在受众角度，发掘受众的心理需求，审视设计的传播方案是否与受众体验契合。

（2）重视受众的主动参与

新媒体传播者要引导受众直接参与到信息传播过程中去，从而产生切身感受。多重体验传播可为受众提供参与到信息传播过程中的机会，甚至可以利用媒介使传播者和受众融为一体。

（3）重视受众的互动传播

传播者可利用新媒体技术实现交互式传播。多重体验传播在此基础上加强传播者与受众更深层次的互动，使信息传播的通道更加畅通。

（4）重视受众的情感需求

随着时代的发展，受众群体越来越敢于表露出个性化、情绪化的一面。他们根据自身的喜好、经历参与到信息传播过程中，有选择地获取自己所需的信息。因此，多重体验传播要重视受众的情感需求。传播者要投入自己的感情去设计信息传播途径，只有满足了自己的情感需求，才能以情动人，满足受众，实现多重体验传播的目的。

3. 爆款传播

随着移动互联网时代的到来，一夜之间刷爆朋友圈、上头条等爆款传播早已成为新常态。爆款传播是移动互联网带来的红利。2011年，杜蕾斯营销团队凭借"雨夜鞋套"引爆微博，成功在暴雨中引燃全国网友娱乐的热情。这种以娱乐化为主要特征的爆款传播被正式关注。而像"蓝瘦香菇""洪荒之力"等引爆朋友圈的网络热词的传播，往往是多种传播因素综合作用的结果。

"蓝瘦香菇"是从QQ空间传播开来的，在百度贴吧经历一段时间的发酵，被秒拍网红推荐后引爆流行，最终在微博平台上爆发，成为爆款传播。整个热点在缘起，发酵，引爆，爆发，消退的过程中，有明显的传播节点。网红、明星的加入，将传播热度迅速拉到峰值。受众的模仿与再传播对于爆款传播也起到了非常重要的作用。爆款传播可以吸引大量受众的关注，是导入受众的一种有效办法。如果方法得当，可以用最小的成本实现文案的海量传播。

爆款传播工作可以遵循以下步骤。

（1）准备阶段，从受众需求出发

在开展爆款传播之前，首先需要分析当前社会环境，包括当前网络环境中的受众情况、最新的流行元素、近期热点及传播信息在预期热点传播时段是否有与其他热点产生冲突的可能等。其次，需要研究人际关系的影响，即受众群体情况，要通过用户画像了解目标受众群体，分析受众群体的特点，关注受众需求，分析受众关注和参与的心理动机，增强爆款传播策划的针对性。在营销的文案缺乏全民关注性的情况下，新媒体传播就要更具有目的性，将传播人群聚焦到文案的目标受众群体上，以做到精准传播。

（2）策划阶段，从文案特点出发

企业、新媒体平台、资源是一个个孤立的点。要想实现爆款传播，需要新颖的创意、良好的策划和严谨的执行。

程序化的策划技巧和方法论可以增加爆款传播持续产出的可能性。当我们把许多爆款传播策划进行拆解总结，程序化地分拆成基本组成元素后，我们可以发现，爆款传播策划的基本关键词是：简便、有趣、可展示、炫耀、新鲜、娱乐性、竞争、共鸣、痛点、广而告之、有用、公益性、重磅发起人、明星效应、热点、借势、故事性等。

曾经红遍全球的"冰桶挑战"就是这样一个例子。低门槛的活动参与方式，社交媒体平台的海量转发分享，"号召三位好友接力"的方式直接让"冰桶挑战"

第七章　新媒体文案传播法则

达到了病毒式传播的效果。参与者只需号召好友就可以将其他人带入活动，这种便捷的参与方式很利于活动的传播。发起活动的人包括顶级的企业家和公众人物，加上媒体的跟进报道，同时具备仪式感的行为展示，大幅度提高了用户的参与度。这个策划思路，集合了简便、有趣、可展示、新鲜、共鸣、公益性、重磅发起人、明星效应等关键词，活动的成功当然在意料之中。

（3）执行阶段，从活动细节出发

① 注意把控活动流程。首先，要设计一个好标题。在新媒体传播中，一个好标题能对爆款传播起到事半功倍的作用。如果标题不能吸引受众眼球，一个精心策划的活动可能连被受众知晓的机会都没有。其次，需要合理安排时间节点。传播者在做产品宣传和推广时，要考虑目标受众在活动主推平台上的活跃时间和行为习惯，要规划活动从推出到预热，从预热到引爆，从引爆到爆发，从爆发到维持等阶段需要经历的时间长度，尤其要将从推出到引爆这阶段的时间节点设置得当。如果活动的推出时机不对，前期预热不足，提早或者滞后引爆，可能会导致活动热度降低，使活动效果大打折扣。最后，要善于找到活动的槽点。槽点即吐槽的关键点，是可以让受众兴奋且愿意点评、分享的关键点。槽点与爆点联系紧密，但槽点更侧重于对受众情绪的把控。新媒体传播者要针对活动预设多个爆点，合理利用槽点。

② 注重资源和渠道的互相引导。开展爆款传播时，我们所选择的主要传播工具要与平台自身的属性契合。例如，"冰桶挑战"就选择了娱乐性和媒体性更强的微博作为主要传播平台，通过微博渠道让活动在"保鲜期"内迅速传播。

4. 社群传播

社群，广义是指在某些地区或领域内发生作用的一切社会关系。它可以指实际的地理区域内发生的社会关系，又可以指较抽象的、思想上的关系。在移动互联网时代，社群成为最直接的、零中介的传播者与受众之间的沟通平台。社群沟通最常使用的是微信群、QQ群、微信公众号，以及传播者自建的软件与网站。从现在的发展趋势来看，自建的软件和网站等已经越来越受到传播者的重视，正在逐渐向主流的社群交流平台方向发展。受众参与社群，可"抱团取暖"，拓展人脉，学习交流，与同行合作，了解垂直领域的信息，参与有趣的活动。社群对于新媒体传播者的价值，不仅是营销产品，更重要的是当社群成为品牌后，社群也就成为品牌价值观的载体，最终通过品牌延伸构建新媒体传播的生态圈。可以说，社群是连接新媒体传播者和受众的最直接的平台。传播者可通过社群建立产品、受众与传播者的直接连接，实现商业转化。

社群传播就是指将文案在社群中传播，同时在传播过程中建设社群。因为有着相似属性的受众比较容易相互影响和感染，社群传播的效率和效果会较为突出。

（1）制造话题，引导受众参与

一个社群中需要时常保持足够好、足够多的话题才能活跃起来，否则社群容易失去存在的价值。传播者需要制造一些社群成员感兴趣的话题，使社群气氛保持活跃，避免出现忽冷忽热甚至冷场的情况。

例如，微博平台强大的话题创造潜力，使无数受众将目光聚焦在微博上。微博的运营本质就是一个非常成功的社群运营。微博本身具有简单易用、主动性强、即时性强等特点，其话题都是由微博用户自己建立的，并且话题内容都是时事热点信息，具备新、热、爆的特点，非常容易引发微博用户的关注，易引起微博用户关注的话题特点如图7-1所示。

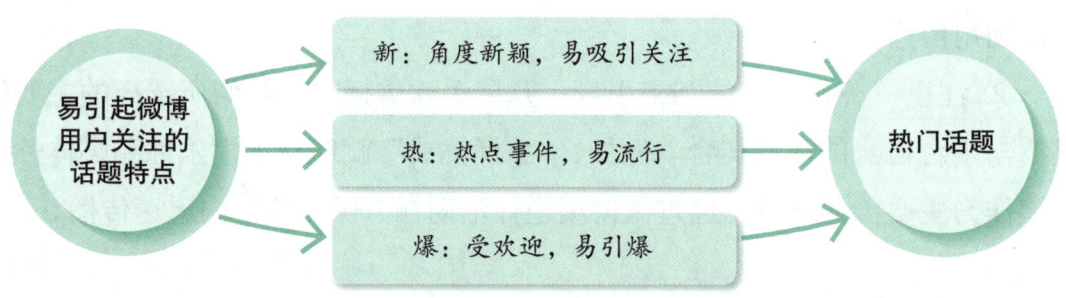

图7-1 易引起微博用户关注的话题特点

同时，微博建立了微博热搜，把引发微博用户关注的热点话题按照点击率进行了排名，进而再次引发用户的关注和讨论，实现了话题的二次传播。新媒体传播者可以借助微博这类大流量平台来开展社群传播，尽可能给社群成员提供话题，让其充分讨论，最好将话题建设权交给社群成员，让他们自己营造话题气氛，让社群气氛保持活跃，提高社群成员的参与度。

第七章　新媒体文案传播法则

（2）开展活动，调动社群气氛

新媒体传播者还可以通过开展活动来制造机会，让社群成员拥有共同讨论的话题，可以进行互动交流，提高社群成员的参与度，并借活动的开展增强社群成员之间的联系，使社群气氛活跃起来。

例如，手机品牌小米通过开展"同城会"活动，促使社群成员在社群中共同讨论活动的各类准备事项，从而使成员之间更加熟悉和了解，增进了社群成员之间的感情。一旦社群成员对企业产品产生诉求之后，也会经常在社群里交流产品信息，也间接加大了品牌的产品宣传力度。

（3）领袖引导，带动社群自主管理

通常来说，在某一领域拥有一定影响力的个人或组织，更容易组织和管理社群。新媒体传播者可以结合自己的产品和服务找到专业、权威的社群成员，让其成为社群的灵魂领袖。传播者需要让灵魂领袖作为中间人，将传播者和社群成员连接在一起，共同学习，共同进步，营造良好的社群氛围，从而增加成员对企业和社群的忠诚度，增强成员黏度，这些也是运营者进行社群传播的核心。

灵魂领袖在运营社群过程中，也需要逐渐培养更多的志同道合的、热情的、乐于分享的社群成员，将这一类人培养成管理员。这种方式可以使社群成员感受到社群中的凝聚力，促进社群成员主动介绍其他人入群，从而使社群逐步发展壮大。

上面提到的灵魂领袖和乐于分享的社群成员即关键人物。新媒体传播者利用关键人物对社群进行引导和建设，可增强企业自身的传播力、创造力、影响力和品牌力。

（4）自助激励，引发社群成员互动交流

对于社群运营者来说，长期维持成员的参与度与活跃度是一项重要的挑战，而使成员自助激励是应对该项挑战的办法之一。

自助激励，是指成员能够在社群中主动寻找自己的兴趣爱好或进行社交活动，设定并实现自己的目标。自助激励会因时间和成员的不同而有差异。

通常情况下，社群经过一段时间的运营，会逐步趋于稳定，此时就需要新媒体传播者制订激励机制，刺激成员进行互动交流。自助激励正被充分运用到日常社群运营中，成为传播者引导和管理社群的激励方式之一。例如，成员加入某个社群，在社群中交流得非常畅快，就会邀请自己的好友进入这个社群进行交流，从而结识更多志同道合的朋友。当成员的自助目标得以实现时，也会助力社群的成长。

三 提升用户黏度

数量众多的、稳定的传播节点对新媒体传播至关重要，用户黏度影响着传播节点的建设，因此新媒体传播者应想方设法提升用户黏度。

（一）用户黏度的概念

黏度在物理范畴内是指流体对流动所表现的阻力。在一般情况下，黏度与流动性成反比，即黏度越高，流动性越弱；黏度越低，流动性越强。在这里，我们借用黏度来描述新媒体产品的一些特征。

新媒体产品的用户黏度，就是指用户对新媒体产品的使用程度和脱离新媒体产品的阻力程度。其中，用户对新媒体产品的使用程度主要体现为用户使用新媒体产品的频率和单次使用的时长，用户脱离新媒体产品的阻力程度主要体现为用户放弃使用新媒体产品时来自客观环境的阻力大小。简单来说，用户黏度是指用户对某新媒体产品的重复使用度、依赖度和忠诚度。

（二）用户黏度的表现

1. 用户使用率

用户使用率是指用户使用产品的频率，与用户黏度成正比。也就是说，用户使用产品的频率越高，那么这款产品的用户黏度越高。

2. 可替代性

可替代性是指某种新媒体产品被其他具有相似功能的同类产品替代的可能性。与用户黏度成反比。一般来说，一款产品的功能和其他几款产品类似，却没有其他产品那么吸引用户，受用户喜欢，那么这款产品被替代的可能性就大。外卖软件的最基本功能是让线下用户在线下订单，并把餐食派送给线下用户，给许多不方便出门吃饭的人提供了很多便利。然而，在提供了基本外卖功能，满足了用户基本需求之后，外卖的卫生安全、送餐速度成为用户选择外卖软件的参考项，优惠促销活动成为吸引用户点餐的加分项。

以美团为例，美团不仅提供餐饮外卖服务，还提供超市零售、鲜花蛋糕等多品类的配送服务，还配以极具吸引力的促销活动。这就极大地提高了消费者的使用满意率，让消费者愿意再次选择美团。据移动互联网大数据监测及统计分析平台 Trustdata 发布的《2017年Q3中国移动互联网行业发展分析报告》显示，在网络外卖领域中，美团在用户黏度、商户活跃度、商户规模方面均领先同领域其他品牌，优势显著，美团商家版软件的日活数量更是比某同类品牌商家版软件多一倍。

3. 网络外部性

网络外部性也称为网络效应（Network Effect），是指网络价值随着网络规模的增大而增大的现象。具体到新媒体领域来说，就是指随着使用同一款产品或服务的用户数量的变化，每个用户从消费此产品或服务中所获得的效用发生的变化。新媒体产品的网络外部性与用户黏度成正比。

使用率可反映用户对新媒体产品的使用程度，可替代性和网络外部性可反映用户脱离新媒体产品的阻力程度。

根据中国互联网络信息中心（CNNIC）于2021年2月发布的第47次《中国互联网络发展状况统计报告》，我们可以看出互联网用户对17种主要互联网产品的使用表现，如表7-1所示。

表 7-1　2020.3—2020.12 各类互联网应用的用户规模和使用率

应用	2020.3		2020.12		
	网民规模（万）	网民使用率（%）	网民规模（万）	网民使用率（%）	增长率（%）
即时通信	89613	99.2	98111	99.2	9.5
搜索引擎	75015	83.0	76977	77.8	2.6
网络新闻	73072	80.9	74274	75.1	1.6
远程办公	—	—	34560	34.9	—
网络购物	71027	78.6	78241	79.1	10.2
网上外卖	39780	44.0	41883	42.3	5.3
网络支付	76798	85.0	85434	86.4	11.2
互联网理财	16356	18.1	16988	17.2	3.9
网络游戏	53182	58.9	51793	52.4	-2.6
网络视频（含短视频）	85044	94.1	92677	93.7	9.0
短视频	77325	85.6	87335	88.3	12.9
网络音乐	63513	70.3	65825	66.6	3.6
网络文学	45538	50.4	46013	46.5	1.0
网络直播	55982	62.0	61685	62.4	10.2
网约车	36230	40.1	36528	36.9	0.8
在线教育	42296	46.8	34171	34.6	-19.2
在线医疗	—	—	21480	21.7	—

（资料来源：中国互联网络信息中心第 47 次《中国互联网络发展状况统计报告》）

以下我们以即时通信、搜索引擎等七类产品为例，分析它们的用户黏度。

（1）即时通信类产品

即时通信类产品的特点是实时性强和互动性强。实时性决定了用户使用率，互动性决定了可替代性和网络外部性。以微信为例，其实时性强，互动性强，所以其用户使用率高，可替代性弱，网络外部性强，进而产品的用户黏度高。

（2）搜索引擎类产品

搜索引擎类产品的特点是实时性强和信息量大。实时性决定了用户使用率，信息量决定了用户使用率和可替代性。以百度为例，其信息量大，实时性强，所以其用户使用率高，可替代性弱，进而产品的用户黏度高。

（3）网络新闻类产品

网络新闻类产品的特点是实时性强和信息量大。实时性决定了使用率，信息

第七章　新媒体文案传播法则

量决定了用户使用率和可替代性。以新浪新闻为例，其信息量大，实时性强，所以其用户使用率高，可替代性弱，进而产品的用户黏度高。

（4）网络视听类产品

网络视听类产品的特点是互动性强和休闲性强。互动性决定了可替代性和网络外部性，休闲性决定了用户使用率。以陌陌直播平台为例，其互动性强，休闲性强，所以其用户使用率高，网络外部性强，进而产品的用户黏度高。

（5）电子商务类产品

电子商务类产品的特点是信息量大、互动性强和安全性强。信息量决定了用户使用率和可替代性，互动性决定了可替代性和网络外部性，安全性决定了可替代性。以淘宝为例，其信息量大，互动性强，安全性强，所以其用户使用率高，可替代性弱，网络外部性强，进而产品的用户黏度高。

（6）网络游戏类产品

网络游戏类产品的特点是互动性强、休闲性强和创意性强。互动性决定了可替代性和网络外部性，休闲性决定了用户使用率，创意性决定了可替代性。以盛大传奇游戏为例，其互动性强，休闲性强，创意性强，所以其用户使用率高，可替代性弱，网络外部性强，进而产品的用户黏度高。

（7）生活应用类产品

生活应用类产品的特点是专业性强和实用性强。专业性决定了可替代性，实用性决定了用户使用率。以百度地图为例，其专业性强，实用性强，所以其用户使用率高，可替代性弱，进而产品的用户黏度高。

由上述分析可知，不同互联网产品的不同特点决定了其在用户使用率、可替代性和网络外部性三方面的不同表现，从而决定了其用户黏度的不同。

（三）提升用户黏度的意义

在新媒体产品发展的不同阶段，提升用户黏度有不同的意义。在产品成长期，其意义在于增加人气，获得生存保证；在发展期，其意义在于稳定用户，使产品持续发展；在拓展规模期，其意义在于满足用户多层次需求，实现产品赢利。

案例 7-1

淘宝阶段发展的差异化策略

淘宝在发展的不同阶段采取了不同的策略。首先是免费推广策略。为了对抗易趣，淘宝针对易趣付费的软肋，宣布实行三年的免费服务（包括免未成交服务费、免登录费、免推荐位费）政策。因为C2C平台的服务对象是个人用户，个人用户的财力不如公司雄厚，因此对价格比较敏感。通过免费政策，淘宝吸引了大量的用户，增加了产品的用户使用率。其次是推行模仿策略。刚开始的时候，淘宝从首页风格到功能应用都是模仿行业头部产品——易趣，只是在一些小功能上有所不同。这项策略使易趣的用户误认为两者是相同的平台，从而降低了用户对易趣的使用依赖，进而增加了易趣的用户转而使用竞争对手淘宝的可能性。最后实行服务创新策略。针对买卖双方即时沟通的需要，推出了淘宝旺旺；针对用户隐私和支付安全问题，推出了安全支付体系——支付宝；针对用户诚信的问题，淘宝推出了独创的诚信评估体系——芝麻信用。淘宝通过一系列的举措，提高了用户使用率，降低了被竞争对手所替代的可能性。

如上面案例所述，淘宝在自身发展的不同阶段采取了不同策略，提升了自身的用户黏度，逐渐发展壮大，最终实现了产品盈利。

（四）提升用户黏度的几个关键因素

1989年，戴维斯运用理性行为理论研究用户对信息系统的接受程度时提出了"技术接受模型（Technology Acceptance Model，简称TAM）"。该模型认为一种技术能否被接受，主要取决于感知有用性、感知易用性两个因素。由于新媒体产品的设计不仅包括技术层面，还包括内容信息层面，所以我们在技术接受模型的基础上，增加了感知有趣性、感知安全性两个提升用户黏度的决定性因素。

1. 感知有用性（Perceived Usefulness）

感知有用性的强弱可反映用户认为使用一个新媒体产品或一项服务可提高其工作业绩、愉悦感的程度。感知有用性是用户期望的核心，在很大程度上由感知易用性决定。随着手机软件等产品的频繁使用，人们的工作、学习和生活都受到了很大的影响，人们逐渐对其产生了强烈的依赖。如果不使用这些产品，人们的生活可能会面临很多麻烦，这是人们关注的最重要的一点。

2. 感知易用性（Perceived Ease of Use）

感知易用性的强弱可反映用户认为使用一个新媒体产品或一项服务的难易程度。感知易用性是用户体验中非常重要的方面，感知易用性较强的产品可使用户快速了解如何使用产品，如何快速达到自己的使用目的。可以说，感知易用性是产品体验的基础，也为用户后续的心理感受奠定了基础。产品的感知易用性与产品交互设计者息息相关。

3. 感知有趣性（Perceived Entertainment）

感知有趣性是指用户在使用一个新媒体产品或一项服务的过程中获得的内在愉悦感。它能以不可见的方式影响着用户对产品的持续使用。感知有趣性是建立在感知易用性和感知有用性的基础之上的，它的最明显特征是用户开始逐渐关注产品的新颖性、娱乐性；同时，用户也会在他人使用该产品而自己不使用的情况下，产生自己不够时尚或者有些落伍的感觉。在满足感知有用性的前提下，感知有趣性是产品体验和用户满意程度的加分项。如果产品并没有满足用户对感知有用性的要求，则用户获得感知有趣性的可能性将非常低。

4. 感知安全性（Perceived Privacy）

感知安全性即感知隐私，是指新媒体传播者在收集用户信息的同时并给予用户安全感和信任感。新媒体产品在设计上需要通过细节令用户产生信任感，尤其是涉及用户切身利益（如金钱、安全）的细节，如在设置账号密码时，通过红、黄、绿不同颜色反馈给用户当前设置的密码的安全程度；还有通过某些安全组件让支付过程更便利可信等。图 7-3 所示为提升用户黏度的几个关键因素间的关系。

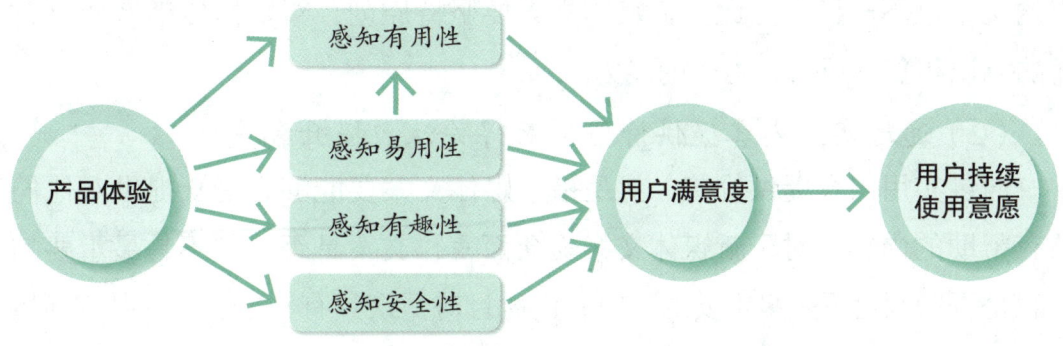

图 7-2 提升用户黏度的几个关键因素间的关系

（五）提升用户黏度的技巧

1. 开展用户调研，明确独特风格

新媒体传播者要坚持"用户至上"的理念，以用户为中心，以用户需求为导向。要认识到应用新媒体创新服务是时代趋势，要根据用户不同的需求提供相应的服务。因此，要针对用户需求开展专题调研，充分掌握用户实际需求，以便提供切实有效的个性化定制服务。此外，在新媒体传播过程中，要设计互动环节，以增强新媒体传播者与用户之间的互动，充分注重用户的参与度和体验感，如可以通过鼓励留言与评论，开展线上活动等形式增强用户黏度。

2. 坚持"内容为王"，保证文案质量

（1）通过内容创新赢得用户认可

新媒体传播平台的特点是流量大，但用户忠诚度和黏度比较低。如果平台没有推出有足够吸引力的内容，就很难吸引用户关注，新媒体传播就难以成功。新媒体在文案传播上应当坚持"内容为王"的原则，坚持文案的原创性、创新性、实用性、有趣性，这是打造品牌效应的重要途径。只有坚持"内容为王"，避免新媒体与传统媒体同质化，才能形成品牌效应。发布千篇一律的文案很难长期吸引受众兴趣，创新是破解这个局面的最好方法。文案创新不是要求新媒体文案写作者标新立异，而是要求其围绕受众及新媒体传播法则等全方位立体解读文案主题，从不同视角分析总结文案内容，形成与众不同的原创文案。以新媒体产品建设为例，我们可以从实用性、趣味性的角度解读产品，也可以从设计制作的角度分析产品。即便是同一个推广点，站在不同的立场上解读分析，创作出的文案也不尽相同。即便站在相同的角度，对同一个事物的理解、挖掘的深度不同，创作出的文案也不一样。因此，新媒体文案要坚持原创，新媒体传播者要具有不断创新的意识和独立观察、思考的能力。

（2）通过实用内容提供价值，赢得关注，提升黏度

通过实用内容提供价值，就是指新媒体文案要能够为受众提供对他们日常生活有帮助的内容。对于新媒体文案受众而言，文案是否原创不是最重要的，文案立意是否新颖也不是最重要的，内容优质且对受众具有一定价值是判定新媒体文案质量的唯一标准。新媒体文案要想做到对受众有价值，就要从受众角度去分析，创

第七章　新媒体文案传播法则

作真正符合受众需求的新媒体文案，从而引发持续的关注，新媒体产品或服务的用户黏度也才能慢慢得到加强。

（3）通过提供有趣味性的文案，获得受众喜爱

受众都会偏爱有趣的文案。新媒体传播者如果能够将传播内容转化为受众喜欢的、有趣味性的形式，就会让受众在感受趣味性内容的同时，更加乐于接受文案宣传的信息。如"冷兔"这个微信公众号主要提供的就是具有趣味性的文案。

本章小结

本章主要介绍了新媒体文案的传播法则。新媒体文案可以通过人物网络传播，也可以利用环境影响传播，传播时还应充分考虑到用户黏度的影响。所以，新媒传播的关键在于人、物、环境的关系及连接，了解目标用户，选择合适的传播渠道，进行高质量的内容生产，通过信息发布、反馈、评估和改进等方式，形成完整的传播链条，从而促进有效的新媒体传播。

思考

（1）新媒体传播中的关键人物有哪些？如何寻找这些关键人物？
（2）如何利用环境影响促进传播？
（3）爆款传播策划的基本关键词有哪些？

实训

请围绕新媒体文案传播法则寻找一个案例并使用传播法则对其加以阐述。

第八章
新媒体文案传播技巧

📖 学习目标
- 了解新媒体文案传播的技巧。

📖 能力与思政目标
- 具备新媒体文案传播的意识。
- 能够使用新媒体文案传播方法策划、组织和开展文案传播工作。
- 遵守新媒体文案传播的相关法律法规。

课程导入

某公司计划组织一场大型的元旦活动并设计了一篇活动文案,希望能吸引大量用户参加。该公司上级指示小张根据公司营销需要将文案进行大范围的传播,要求使文案阅读量达到 10 万以上。

思考:如果你是小张,你有什么办法可以推动文案传播?

第八章　新媒体文案传播技巧

有的新媒体文案能让受众一眼就会感兴趣，甚至让受众忍不住向身边的人推荐，而有的新媒体文案即使内容优质却总是石沉大海，这是为什么呢？优质的文案内容当然是广泛传播的基础，但在实际网络环境中，仅仅依靠优质的内容依然很难达到理想的传播效果，还需要借助传播的策略和技巧促使文案传播的发生和发展。本章主要介绍了制造话题，巧用活动，紧抓时效，调动感官，培育口碑，互动传染，善于借势，善用IP，"病毒式"传播，利他驱动传播，全媒矩阵传播等促进文案传播的技巧，帮助大家构建新媒体文案传播的基本思考框架。

一　制造话题

我们先看一个案例，2018年10月25日，天猫官方账号在微博上发布了一则"寻猫启事"，声称由于"天猫"离家出走，失联超过36小时，所以"重金寻猫"，用户转发微博就有机会获得重金酬谢大礼包。"寻猫启事"一经发出，热心的网友们纷纷跟进，争相展示自己的灵魂画作，全民"寻猫"成瘾。在"天猫"离家出走期间，代班小编代替"天猫"

发微博，还不断分享"天猫"从各地寄回的"明信片"，直播"天猫"行踪。同时，"天猫"在"明信片"中还巧妙融入了各种与阿里巴巴有关的品牌和话题。10月28日，天猫官方甚至还"蹭"了微博时下的热点，吸引了一大批用户的疯狂关注。在活动后期阶段，天猫官方还邀请了品牌形象代言人——易烊千玺来"送猫回家"，同时兑现承诺进行开奖，让话题热度延续到当年的"双十一"，话题发展过程如图8-1所示。

这是通过多阶段制造话题，引爆传播的成功案例。天猫官方的精心策划和网民们天马行空的想象力结合，让每一个人成为传播对象，也让每一个人成为了传播的媒介。

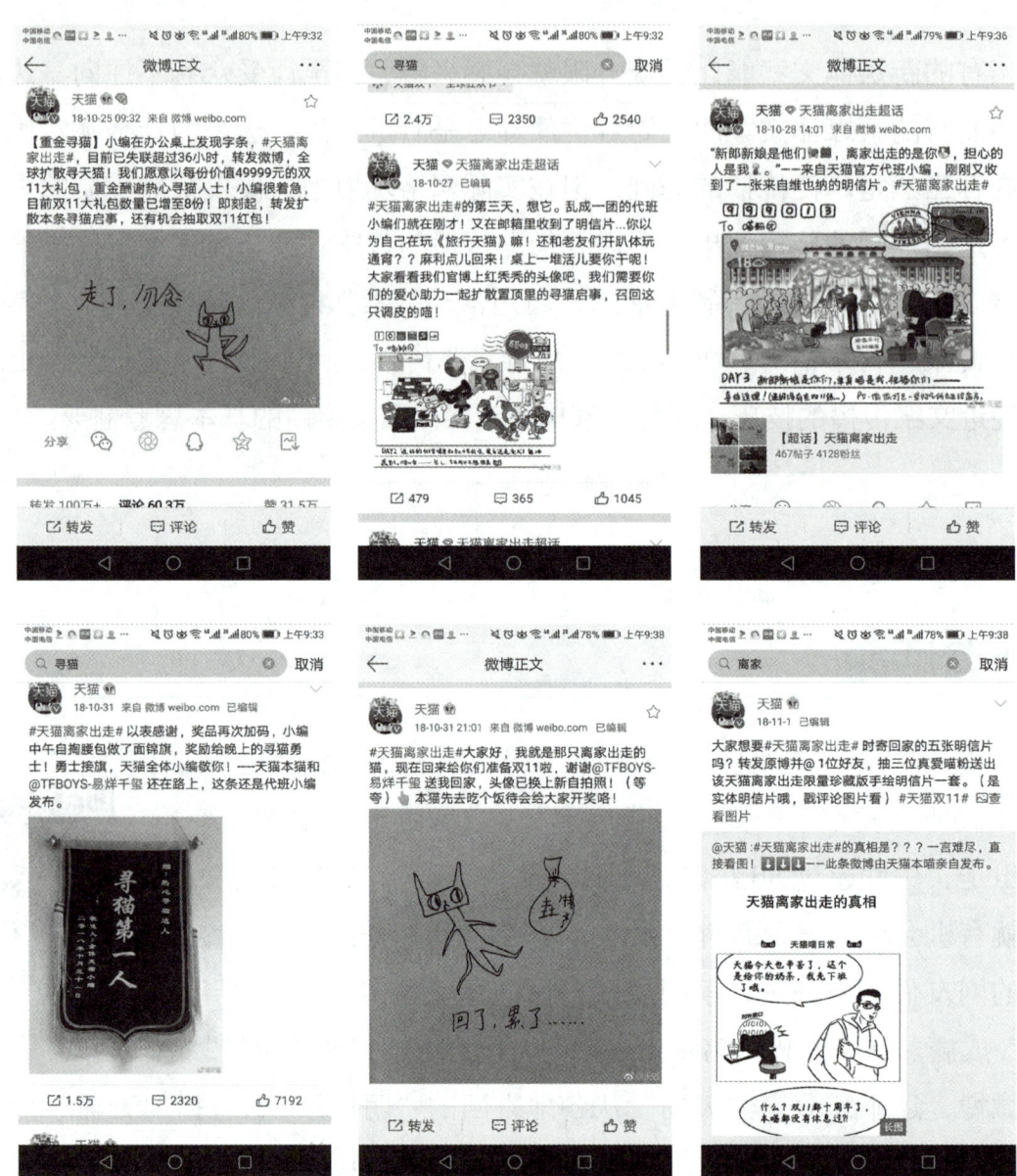

图 8-1 "天猫离家出走"话题发展过程

以此,我们可以看到,作为社交谈资的话题具有传播速度快和可创造性强的特点。社交平台的话题功能提供了一个传播者与用户对话的契机。因此,传播者可通过策划某一类型的话题,引导用户参与其中,通过用户的发现,互动讨论,再创作等,最终达到传播信息的目的。

《做口碑》的作者安迪塞诺威兹在书中总结出了 5T 原则,分别为 Talkers(谈论者)、Topics(话题)、Tools(工具)、Taking Part(参与)和 Tracking(跟踪)。安迪塞诺威兹认为制造有趣或有争议的话题是获得用户关注,促进传播的基础。能引发广泛传播的话题大致可分为以下几个类型：吐槽类、生活类、娱乐类、社会类、节假日类、冲突类等。一个话题并非只属于一个类型，不同话题类型之间有一定的重合，这样划分的主要目的是强调话题的主要特征。

（一）吐槽类话题

互联网文化催生了吐槽现象，吐槽不再被视为贬义词，而成为了一种互动的方式。社交平台上常能看到用户的各类吐槽，包括吐槽工作、相亲、减肥、恋爱等热门话题。如有关恋爱的话题："情侣之间有必要秒回消息吗"，话题一经发出，无数亲历者纷纷参与进来表达各自的"苦楚"，如图 8-2 所示。此时如果新媒体平台能够及时发现并推荐这些热点话题，还可以促进传播的进一步扩大。

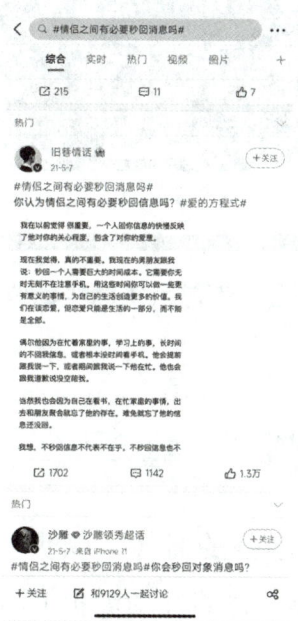

图 8-2　"情侣之间有必要秒回消息吗"话题讨论

（二）生活类话题

针对用户生活当中的细节而展开的一些话题，越接近生活越能引起用户的注意。受众都是处于一定社会环境下的人，一般会对生活有着某种感悟。生活当中的一些话题永远是不会过时的,很容易反复成为热点。支付宝有个特别"接地气"的话题文案:"自从孙女给我弄了支付宝,每天早上来买饼的年轻人翻了倍。他们夸我,阿婆你好潮啊!"如图8-3所示。文案以生活化的第一人称口吻给我们讲述了支付宝的应用场景。文案推出后吸引了许多人参与话题互动,分享家人学习使用支付宝的故事。

图8-3 支付宝生活类话题文案

(三)娱乐类话题

在这个大众娱乐性逐渐增强的时代,以明星、电影等为主题的娱乐话题总能自带"流量",如"陈坤扶贫""韩红领养孤儿"等都引发了网络热议。各类平台的用户通过转发、评论等方式表达自己的感想,无数媒体账号借这些话题发布了一篇又一篇"博人眼球"的文案。

(四)社会类话题

社会类的话题容易触及用户的切身感受,比如"发展更加公平更高质量的教育""开放二胎"等这类触碰社会热点和群体痛点的话题通常能引起广泛的共鸣,如图8-4所示。这类话题就像高清显微镜一样，帮助受众将身边的人、事、物进行细微观察，从而带动受众的情绪，促使受众参与表达和传播。

图8-4　社会类话题举例

（五）节假日类话题

大部分人都会期盼节假日的到来，于工作而言，节假日意味着休息和沉淀，于生活而言，节假日预示着团聚和消费。节假日话题极易引起受众的情感波动，引起受众的讨论和传播。例如，"过年遇上同学聚会，你会去吗？""回娘家还是回婆家，决定好了吗？"在春节制造这类话题，让受众在乐一乐的同时，也能让他们迫不及待地分享给朋友。

（六）冲突类话题

人性当中有乐于围观冲突的一面，冲突普遍论认为冲突是话题的灵魂，一旦话题中包含冲突，就能引发受众更多的讨论，讨论有助于提升话题的热度。

1. 利用角色冲突

人在社会生活中扮演着各种角色，不同的角色意味着不同的责任，导致做的事情不同，想问题的角度也不同，久而久之可能会产生冲突。如《实习生就该给老板拿外卖》一文中制造了实习生与老板的角色冲突和职责冲突，于是引发社会中"老板们"和"实习生们"不断地争论，通过传播文案寻求更多的支持，其他受众则会通过点赞、投票、加入话题讨论、转发等方式参与进去，表达自己的观点。

2. 利用规则冲突

人的自然本性与社会规则之间存在着追求自由和被制约的冲突，我们生活中会存在一些默认的社会规则，比如，"女士优先""不要和孩子计较"等。这些规则都是长期形成的默认社会文化。利用规则冲突可以瞬间"引爆"话题。传播者选择利用规则冲突，首先应准确识别出某些群体中存在的共享规范的文化、共同信念与价值观的文化、默认假设的文化，然后选择一个立场，制造非此即彼的话题，那么话题就容易被讨论、被传播。

3. 利用权利冲突

在我国法制化建设进程中，大量的权利冲突现象凸显出来。我们常常会看到"员工权利""动物权利"等关键词。某些群体会为了维护自己的正当权利而进行抗争。权利冲突是比较容易识别的，它存在于社会的方方面面，传播者可以在不违法违规，违背职业道德的情况下替特定的群体发声，引发对公平正义、伦理道德等方面的热烈讨论。

4. 利用控制冲突

我们身边存在着各种控制与反控制的关系，二者间的对抗具有很强的社会吸引力，如老师和学生之间、父母与孩子之间、夫妻之间、婆媳之间、上下级之间。控制冲突相关话题的文章之所以能够得到受众的主动传播，主要是因为这种类型的文章替受众讲出了心声。

二 巧用活动

现今，酒再香也怕巷子深，对新媒体传播而言，长期推送相似的内容，会导致受众审美疲劳及活跃度降低。这时需要一双"手"将受众招揽过来，这双看不见的"手"就是活动。活动能够帮助受众表达感恩、悲伤、愉悦、愤怒等情绪，甚至能让受众产生成就感，促使受众产生传播的强烈动机。传播者适当地发布一些活动，巧妙地利用一个吸引人的话题，拉近与受众的距离，增加传播的体验性和互动性，提升受众的参与度，这样能实现低成本、高效地将文案传达至目标受众的目的。

巧用活动

2016年11月15日晚，某公众号发布预告，称次日将发起"丢书大作战"活动。次日，该公众号推送了名为《我准备了10000本书，丢在北上广地铁和你路过的地方》的文案，文案一经发出，迅速引起大量用户转发。短时间内，文案阅读量突破10万，活动话题也登上微博热搜榜，微博话题阅读量突破亿次，如图8-5所示。这场传播不再是仅仅把信息告知目标受众，而是把传播变成一场活动，提高受众参与的热情，促进受众二次传播相关信息，从而达到更好的传播效果。以下从活动类型和活动实施要点介绍如何巧用活动。

图8-5 "丢书大作战活动"微博话题

（一）活动类型

如果能为活动赋予"网红"属性，那么活动自身就会产生强大的传播力，达到活动本身是传播，传播本身亦是活动的效果。这种类型的活动需要设置巧妙的活动机制，将受众吸引进知晓、体验、分享的传播机制中，不断地吸引新受众，并使他们成为文案扩散传播的支点。活动机制设置的关键在于满足受众的特定需求。目前，普遍受受众喜欢的活动类型主要有以下5种。

1. 互动型活动

互动型活动的设置有三个要点：一是要有普适性，可以让大多数人参与其中，简单易上手，受众理解成本低，如美团的每日福利活动，包括大转盘、砸金蛋等，受众对太复杂的活动参与的意愿通常不强；二是要有趣味性，内容有趣能让受众产生参与其中的欲望，玩法有趣能够引起受众主动分享的行为；三是要有关联式互动，活动中的互动环节不应局限于受众和主办方的互动，而应扩展到受众和其社交圈的互动，这样才能最大限度地扩大参与人群，使传播的层级不断向外扩展，如江小白开展的"同城约酒大会"就是关联式互动的典型代表。

2. 体验型活动

体验型活动指受众在活动主办方创造的条件和环境中去亲身体验某类产品或服务。这类活动形式的核心是为受众创造条件和环境，体验新的产品或服务。它与互动型活动的区别在于，互动型活动突出的是受众的交流，而体验型活动突出的是在某种条件和环境下受众的感受。

"冬日森林"是今日头条平台2018年在线下打造的体验活动，将今日头条平台上部分丰富有趣的内容"活色生香"地呈现了出来。活动现场有稀奇美食可尝，有丰富游戏可玩，有激扬演出可看……近万名观众在"森林"中探险，寻找乐趣。体验型活动抓住了受众体验这个商品服务时代的精髓，让受众以虚拟的方式近距离接触产品或服务，由此消除了双方的隔阂，促进了双方关系的建立与加深。但体验型活动的成本要求和组织运作要求较高，需要活动方进行充分的计划和准备。

3. 猎奇型活动

这类活动的特征为独特、新奇，甚至怪异、荒诞。人们对于未知事物有求知欲，猎奇心理是人们探索和求知的内在动力之一，新媒体传播者可借用受众的好奇心推动传播。如某一年母亲节中的热门话题——"妈妈再打我一次",既反常态又引人深思,具有很强的传播潜力。猎奇型活动一般依靠三点吸引受众:内容、对象和形式。

(1) 活动内容新奇

通过不按常理出牌的内容来吸引受众关注。比如"三国演义中有哪些著名的脏话"这个话题,最终"我从未见过如此厚颜无耻之人""三姓家奴""如插标卖首耳""竖子,不足与谋"等语句被万千网友们推选出来。这种通过受众的好奇心来推动的传播很容易得到"四两拨千斤"的效果。

(2) 活动对象新奇

最常见的就是利用艺人或者社会名人来制造新奇。如某明星在各个场合的独特造型总能引起关注,几乎每次都能成为话题登上微博热搜,许多传播者就利用这个热点引发传播。

(3) 活动形式新奇

2018年知乎跨界发起了"发问全宇宙"人类计划活动,征集用户对于宇宙的问题,将它们雕刻在"湘江新区号"卫星上面。此活动引发了知乎用户的踊跃参与。这个活动形式天马行空,触发了用户猎奇的"开关",取得了非常好的传播效果。

4. 认同型活动

认同型活动是让受众获得某种自我认知或获得别人评价的活动,核心是通过活动让受众获取外界对自己的评价。比如"性格标签""颜值打分"等活动。

(二) 活动实施要点

1. 明确活动目标及主题

首先要明确活动的最终目标和各个阶段的分目标;其次在目标的框架内确定活动备选主题;然后将备选主题与目标受众匹配,从中选择最合适的主题。在明确活动目标及主题的过程中最重要的是始终围绕受众的价值观、需求、喜好等进行思考,避免脱离实际,如"宝宝靓照大赛"等和育儿有关的活动永远对"宝妈"人群有极强的吸引力。

2. 设计活动创意

创意是活动的核心要素，包含活动的展示形式和受众的参与形式。一般采用线上线下相互结合的形式，线上引流，线下参与。

（1）活动文案

文案是活动的重要内容，能够为活动做好铺垫，为活动进行预热，先吸引受众对活动的关注，为最终"引爆"传播积蓄力量。如"央视boys"的策划团队将直播带货的前期宣传文案覆盖到各个平台，最终吸引了大量的受众观看，在3个小时的直播中卖出了价值5亿元的商品。

（2）适度的参与门槛

活动的参与门槛要适度，玩法以及流程尽可能简易，降低受众操作成本。活动每多一个门槛或步骤，就会导致一定数量的受众流失。所以我们必须让活动规则尽量简单，让受众不必过多研究和操作就能明白应该怎样参与活动。

（3）有趣的参与方式

受众的参与方式要有趣，游戏化能让活动的趣味性增强，最大化的激发受众的参与热情，受众"玩"得越畅快，活动越容易达到预期的传播效果。

（4）发掘情感共鸣点

活动要抓住人们离不开情感共鸣点的作用，传播者可从亲情、友情、爱情等角度发掘情感共鸣点。有温度的文案具备持续传播的潜力，譬如某企业在"女生节"推出"少女节宝宝要包包"的活动，抓住了流行的"少女心"心理，使文案得到了广泛的传播。

3. 维系活动热度

如果想让活动的效果放大，能够持续地起到传播作用，传播者就要注意活动热度的维系。首先，活动应保持固定频次，如按月、季度、半年为周期开展活动，既能让活动维持人气，也有利于培养受众习惯。其次，加强对活动维系方式和节奏的把控，例如，何时发放奖品，如何通过意见领袖引导话题，如何促使受众参与话题传播，等等。通过活动吸引受众，把原本单向的传播形式变成一场可参与、可互动的活动，让受众在活动中传播内容，达到二次传播的目的。

三 紧抓时效

新媒体传播者必定对"一夜保鲜"这种说法体会颇深,因为受众的注意力不会长时间停留在某个热点上。热点的更迭速度太快,导致受众也许还没有完全消化上一个热点,下一个热点就出现了。在这个信息极度碎片化,注意力日益分散的时代,时效性就是传播强有力的执行保障。对新媒体传播而言,时效性分为两种,一种是第一时间,一种是痛点时间。

紧抓时效

(一)抢占第一时间

抢占第一时间就是指新媒体传播者要快速反应,热点一出现就立刻追踪并迅速发布文案。爆点新闻和突发事件发生后,相关文案投放的时机越早,越有可能获得较高的阅读量。

某火锅品牌多次因卫生、价格问题被曝光,但每一次事件爆发后该火锅品牌的策略都是快速致歉,如图8-6所示。该火锅品牌的快速回应给危机处理带来了光环效应,网络上出现了许多支持该火锅品牌的声音,使得其每次都能成功扭转舆论风向。新媒体传播者要让自己抢占第一时间,比竞争对手更快,才能胜出。文案快速发布则有机会获取优质流量渠道,得到更多的转发,随之得到平台流量的支持。另外,当发现一个优质流量渠道时,传播者要敢于在这个渠道上下功夫,加大投入,加大传播力度。

图8-6 2020年某火锅品牌在涨价风波后发出的道歉信

(二)抢占痛点时间

痛点时间与待解决问题相关,待解决的问题指的是紧迫度高,必须快速解决的问题。

新世相公司策划的经典活动——"4小时逃离北上广",两季活动的时间均选在了周五早上。他们说:"新世相选择在周五早高峰做这个活动,是为什么呢?人对一个大城市的'恨',隐隐地在这个时刻达到了顶点。内心野蛮的人马上就要突破飙脏话的关口。"实际上,很多人都认为周五是最累的一个时间节点。一线城市白领们为了满足自己说走就走的欲望,通常选择周五这个时间节点出行,因为请一天假就可以得到一个三天的小长假,请假成本是最低的。同时,新世相公司选择七月初这个时间点发布活动,还容易触发职场工作者内心的暑假情结。

2015年,浙江大学最美军训女孩爆红网络,这其实是微博平台提前策划的活动,特意选择在军训期间发布。众所周知,每年的新生入学季,各大学校都会开展军训活动,军训中会发生形形色色的趣事,家长和学生都迫切想要了解相关的信息,这就形成了痛点时间。微博平台洞察到了用户的心理需求,所以微博平台在痛点时间发布文案,使传播效果得到升级。

又比如每年春节过后是待业人员求职和企业招聘的旺季,这个时间点既是求职者的痛点时间,也是各大企业人力资源部的痛点时间。因此,与求职、职场相关的文案在这个节点就有了广泛传播的土壤。

对于痛点时间的判断,新媒体传播者一方面要判断受众的生理和生活周期,另外一方面要考虑社交话题周期,做到精确选择,精确投放。在痛点时间确定后,传播者需快速进行渠道试错和选择。如果要确保文案能在预期痛点时间得到广泛传播,就要通过快速测试的方式,了解哪个流量渠道与文案匹配度高,转化率高。

四 调动感官

随着可穿戴设备、VR、AR、全息影像等新兴媒介技术的发展,人们正在步入一个智能化、网络化与泛媒介化的沉浸式传播时代。相关研究表明,当人的感觉器官同时对同一事物进行关注时,人脑的反应就会得到加强;如果信息来源于同一空间位置,那么信息被接收的效率会提高。某电商利用这一原理打造了"感官乐趣研究所","研究所"里摆放着全世界的精选家电,让顾客在"研究所"里体验产品。直播红人们在"研究所"里边逛边吃，还享受着视听盛宴。这种沉浸式的全感官体验让人欲罢不能。该电商通过线上线下联动的全感官沉浸式体验活动，为其家电节做了一波强势宣传。

"我的女朋友有超过 50 个色号的口红，30 件不同款式的白衬衫，当你打开她的鞋柜时，你会误以为她是一只蜈蚣"。这个文案让受众有代入感，还具有差异性，50 个色号的口红和 30 件不同款式的白衬衫不是每个人都能拥有的，所以让人难以忘记。这样的文案能让受众产生画面感，联想到自己或他人穿上白衬衫和涂上口红的样子。《场景革命：重构人与商业的连接》的作者吴声提到："很多时候，人们喜欢的不是产品本身，而是产品所处的场景，以及场景中自己浸润的情绪。"用户的需求往往是由场景诱发的，不同的场景能够创造出不同的用户需求，衍生出不同的传播策略，如咖啡与商务相关联，咖啡与鲜花相关联，等等，这些产品已经远超出产品本身，被赋予了场景的意义。可见，塑造适当的场景能够帮助用户产生需求，提升产品在不同空间和时间的传播力和接受度。

（一）痛点场景化

场景化的内容最容易刻入用户的记忆中。比如用户旅游之前会因旅游路线、食宿、游玩攻略等问题焦虑，马蜂窝旅游社交平台围绕用户的这个痛点构建场景，创作了"旅游之前，先上马蜂窝！""旅游之前，为什么先上马蜂窝？"等文案，让用户将旅游和马蜂窝平台进行了场景的关联。通过将用户的痛点进行场景化，有效地实现了传播目的。马蜂窝旅游社交平台的部分文案及内容展示如图 8-7 所示。

图 8-7　马蜂窝旅游社交平台的部分文案及内容展示

（二）定制场景

产品本身的功能性可能强大，但不同用户的需求不一样。因此面对不同目标群体，应该选择差异化、个性化的方式，定制他们最熟悉、最常用的使用场景。如饿了么外卖平台针对学生、阅读爱好者、运动爱好者和赖床爱好者四类不同用户设计了不同的场景文案，部分场景文案如图 8-8 所示，有效触发了不同用户对饿了么外卖平台送餐上门服务的期待。

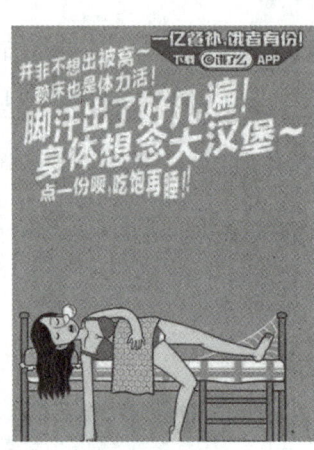

图 8-8　饿了么外卖平台针对不同用户设计的不同场景文案

（三）体验式场景

2017 年底，马蜂窝旅游社交平台举办了一场名为"攻略全世界网红墙"的线下体验活动，将全球 12 面知名"网红"墙进行了缩小复制，并放置于一个展厅中，让参观者在 1 小时内完成全球网红墙的"打卡"，活动现场如图 8-9 所示。传播者通过构建体验式场景，激发用户的关键行为——将照片上传到社交网络上，这种用户行为是实现传播目的的关键。

图 8-9　马蜂窝"攻略全世界网红墙"活动现场图

(四）用故事构建场景

人人都喜欢听故事，有故事感的文案拥有比普通文案更强大的传播力。因为故事会轻松地走进受众的内心，具有代入感和感染力，很大程度上满足了受众没有意识到，但确实存在的感官需求，巧妙地消解了受众对广告的排斥感，促进二次传播。用故事构建场景的关键在于善用原型。原型理论由瑞典心理学家荣格提出，他认为原型是一种记忆蕴藏，一种印迹或记忆痕迹，是某些不断发生的心理体验的沉淀。拥有原型的故事，能够帮助受众快速构建场景，经典的原型有灰姑娘、大卫与歌利亚等。灰姑娘代表的是一个小人物迎来机遇，实现人生大逆转的原型；大卫与歌利亚代表的是一个以弱胜强的原型。原型与民族文化相关，通常能够快速触及受众内心，使受众与文案同频共振。用更通俗的语言来形容原型，就是一种"套路"，一种普罗大众容易接受和认可的写作模式。

（五）用感官细节构建场景

某次活动中，有这样一个描述台湾卤肉饭的文案："奢侈的时间、火候、卤煮、浸泡、入瓮陈放数月熟成，这份黝黑精华的卤汁，以黄金比例，浇淋在饱含土地热能的香米上，点缀几片腌黄萝卜干、酱黄瓜、醋姜、酸菜，或是一枚卤蛋，打造出多层次美味的细节，在味蕾上演绎出你的意犹未尽。"也许我们没有吃过这款卤肉饭，但是通过文案对制作过程考究地描述，我们脑海中迅速浮现出相关场景，令人口水直流。充满感官细节的文案往往自带镜头感，让文案变得鲜活，充满感染力。

（六）用反差构建场景

从反差、反转的角度进行设计，打破惯性思维，让目标受众感到意外和惊喜，也是一种构建场景的方式。比如由中央电视台纪录频道制作的电视纪录片《如果国宝会说话》，节目风格本来应是严肃的，节目宣传海报中却玩起了"反差萌"。

木雕双头镇墓兽的宣传海报中有这样的文案："我头上有犄角。"太阳神鸟金箔的宣传海报中有这样的文案："这款美瞳我要了。"三星堆青铜人像的宣传海报中有这样的文案："说我长得像奥特曼的你别走。"击鼓说唱俑的宣传海报中有这样的文案："C位。"

这些文案将国宝与当代流行符号建立联系，能够一下子就激发受众的想象力，让受众在脑海中形成有趣的场景。

五 培育口碑

口碑是人们分享信息的一种方式，口碑传播是通过人与人之间的社交关系链传递实现的。在互联网时代，口碑传播变得便捷，人们只需要通过网络平台进行沟通交流即可。在实际生活中，口碑传播通常在已经建立信任关系的小群体中发生，但由于社交媒体的通信环境具有虚拟性、匿名性和地理位置的无限性，从本质上讲，口碑传播在新媒体传播中属于一种弱关系，传播的效果很大程度上取决于传播者和使用社交媒体的信息接收者对彼此的认同感。

顾客的感受最有说服力。调查表明，对产品满意的顾客平均会向3个人传播产品的好口碑，对产品不满意的顾客会向9～10个人传播坏口碑。新媒体传播者如何驱动受众进行自发地正面传播是难点。

（一）提升受众传播口碑的动力

要提升受众传播口碑的动力，要给予受众参与感、惊喜感和仪式感。

1. 参与感

心理学家在不同的群体中做过一个实验：让被实验者通过掷骰子来获取相应的奖励，骰子点数越高奖励价值越高。实验设置了两种方案，一种是付出2美元的成本，被实验者自己掷骰子；另一种是不用支付任何成本，别人帮忙掷骰子。实验结果表示：尽管两种方案的概率完全一样，但80%以上的被实验者仍选择了自己掷骰子。实验说明，给予受众相应的参与感，会在一定程度上增加他们的满意度。《参与感》一书提出，互联网思维的核心是口碑为王，口碑的本质是受众思维，就是让受众拥有更多的参与感。

受众的参与实际上就是口碑传播的起点。唱吧软件火爆一时，因为用户通过软件录制歌曲，并且分享给好友，还可以在平台上参加歌唱比赛，能让用户通过获得好友的认同或者获得歌唱比赛的胜利而得到满足感，最终形成对唱吧软件的认同感。

2. 惊喜感

惊喜感就是指一种结果远超过预期的感觉。某大米品牌给顾客赠送围裙，这个围裙上面写着各种有趣的文案，比如"妈妈是世界上最棒的厨师""饭我来做碗你来洗"等。这个附赠的礼品能给顾客制造惊喜感，促使顾客晒照分享。又比如有些品牌会寄送全球限量或者专属定制的小礼物，这些给顾客带来惊喜的亮点很容易会就成为顾客津津乐道的部分，增加顾客分享的动力。

3. 仪式感

仪式感就是指某个特定的时间节点、事件或行为，被赋予远高于其本身的意义，且得到大众的认同及参与。仪式感能让受众产生期待，形成愉悦体验并强化记忆。

2018年初，"告别18岁"的话题凭借仪式感在社交平台爆火。2018年，最后一批"90后"也年满18岁了。成年礼这个本身极具仪式感的行为延伸至网络，"70后""80后"也集体追忆自己的似水流年。这个活动凭借着告别青春的仪式感，实现了跨越年龄层的圈层传播。仪式在我们的生活中古老而普遍。一次重大的人生事件，如成人礼、毕业典礼；一类节日的庆祝方式，如春节的红包、端午的龙舟；一种心理的诉求形式，如清明节扫墓。这些都属于仪式的范畴。借助传统事件或者节日创造仪式感就是最简单有效的方法。

某火锅品牌推出了一个"火锅英雄"套餐，其上菜方式是由两个人抬着轿子，另外一个人敲锣并喊着"火锅英雄驾到"，送到顾客桌前，这个模式在店里会引起围观，其目的在于促使顾客拍照分享。另外，该品牌还邀请了一些大V进店体验该套餐，品牌会事先给这些大V寄送邀请函，并把邀请函做成英雄帖的样子，这样大V们就会感受到品牌的用心，提高他们主动传播的概率。

（二）活用口碑传播者身份

口碑传播者包括意见领袖和口碑人群两个主要身份。

1. 塑造和激励意见领袖

关键意见领袖（Key Opinion Leader，简称KOL）通常被定义为：拥有更多、更准确的产品信息，且为相关群体所接受或信任，并对该群体的购买行为有较大影响力的人。在传播学中，关键意见领袖指那些活跃在人际传播网络中，经常为他人提供信息观点或建议，并对他人施加个人影响的人。关键意见领袖在信息传播中起着重要的"中间人"或"过滤网"的作用。他们会在关键时刻发声，塑造口碑。在传播过程中，他们会通过名人专栏、微博、微信等渠道吸引粉丝。新媒体传播者要善于将人群中有性格、有人气、有气质的人识别出来并塑造成关键意见领袖，为产品或服务代言。

2. 重视挖掘口碑人群

找到口碑人群，进行社交化经营，能够给产品或服务带来良好的口碑。

（1）种子用户

这群人是资深用户，他们有浓厚的兴趣传播口碑，活跃度在所有的用户中高居榜首，他们能自发组建QQ群、微信群、微博粉丝团等在各平台进行宣传。

（2）专业评论家

这类口碑人群包括媒体特约评论家、专栏作家、各行各业的专业人士等，他们的意见对其他用户具有较强的参考价值。

（3）权威媒体员工

与产品或者服务相关的权威媒体的员工的发声更权威，可信任度更高。

（4）优秀员工

优秀员工最熟悉自家的产品和服务，可以为其他类型的口碑人群提供详细的数据。

第八章　新媒体文案传播技巧

六　互动传染

在传播学中，互动强调的是信息内容在信息接收者和信息发送者间不断地输出和反馈，构成双向传播。受众与传播者之间参与交流互动，相互促进和推动。

（一）持续优化内容，抓取受众的兴趣点

1. 塑造可广泛参与的话题

话题是受众参与讨论的基础，传播者要善于提炼话题，用话题吸引受众参与，用话题具有的延伸性推动受众分享与广泛讨论。话题的选择可参考本书第四章新媒体文案正文写作的内容。

2. 促使受众生产内容

受众的思维是天马行空的，对事物的看法也是多种多样的，经过多次的观点转发，也许他们会将原本毫无趣味的内容变得趣味横生。促使受众生产内容的实质是构建场景，将受众的生产力充分调动起来，通过话语权的"让步"达到内容创作与传播的目的。促使受众生产内容的方式主要有以下几种。

（1）推送征集

此类方式不直接推送文章，而是新媒体传播者直接推送一段话或一张图片说明要征集的内容，最后综合征集的内容生成文案。例如新媒体传播者向受众征集旅行风景照，最终综合受众投稿形成文案，如图 8-10 所示。这种方法可以集思广益，推动文案的创造和传播。

图 8-10　推送征集举例

（2）文末征集

此类方式为按固定周期推送文章，在文末征集未来的话题内容。我们阅读文案时，常常会在文案末尾发现诸如"欢迎你在文末留言，我们需要你的故事"之类的语句，这些都是征集话题的形式。

（3）读者爆料

此类方式适合针对行业内幕、八卦信息，可以通过后台回复、邮件参与、设置爆料群等方式实现。

（二）打造活跃评论区，促进受众交流

2017年6月，新华社发了一篇名为《刚刚沙特王储被废了》的文案，这篇文案被火爆传播的原因不在于其本身的内容，而在于它的评论区。全文标题加内容总共不过五十个字，却署名了三个编辑。有网友评论说："就这九个字还用了三个编辑。"新华社小编回复道："王朝负责刚刚，关开亮负责被废，陈子夏负责沙特王储。有意见？？？"还有网友评论："了是哪位编辑负责？"新华社小编继续跟进："你们都好认真哦，给你们鼓掌举高高。"有网友评论："差点以为看了假新闻，言简意赅，耐人寻味，新华社厉害了。点赞，double 赞。"新华社小编回复道："三个编辑，double 赞不好分，triple 赞吧。"文案内容及评论互动如图 8-11 所示。你来我往几个来回，使得一个正文内容并无特色的文案传播极广，许多用户都是为了看评论区而来。可见，打造活跃的评论区有助于提高文案讨论的参与度和文案的传播度。

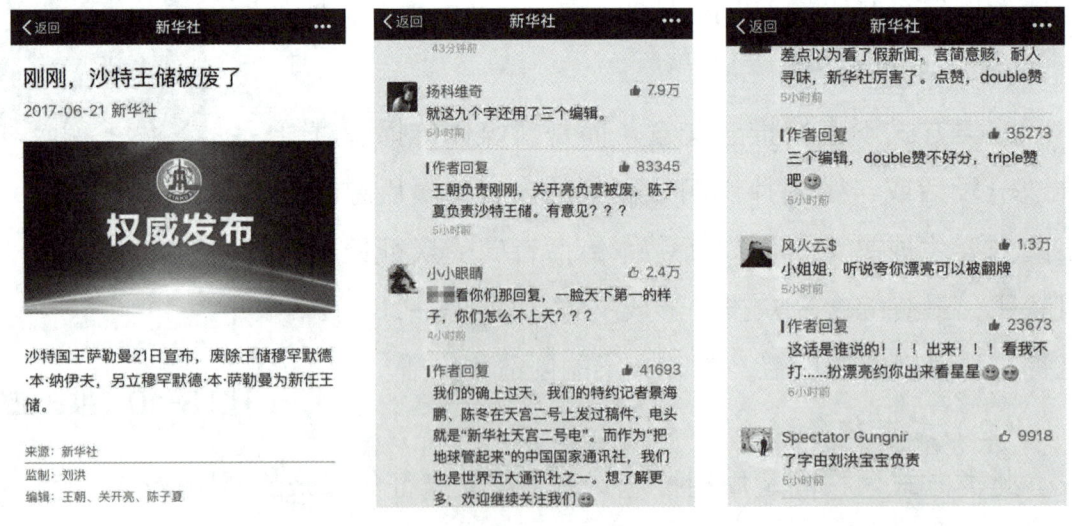

图 8-11 《沙特王储被废了》文案内容及评论区互动

（1）培养"捧场王"

"捧场王"是近几年的网络热词。社群互动需要"捧场王"来营造气氛。传播者通过社群将忠实受众们聚集起来，"捧场王"在社群中积极鼓励大家讨论、评价、聊天，甚至结交好友。良好的氛围会让更多的受众自发地回帖和发帖，在需要转发或者支持的时候，受众也将不遗余力帮助宣传。

（2）鼓励评论并及时回复

文案推送后，及时回复评论，挑选并置顶高质量评论，给好评点赞，刺激其他评论者，或适当选择一些有争议性的评论引发讨论，有利于打造活跃评论区。

（3）预设"槽点"

传播者首先要做的是"槽点"前置，即把可能存在的互动机会埋在传播规划和过程中。要根据不同情况引爆"槽点"，借助"段子手"、普通网民的吐槽来保持话题热度。如某名人在微博自嘲，引起粉丝疯狂吐槽，评论区非常热闹。

（4）在评论区开展活动

活动一定要让受众有收益，传播者可在评论区开展派送福利活动，如点赞数靠前的评论奖励用户红包、优惠券、体验券等，这也能有效地引发传播。

（三）回应受众行为，强化二次传播

2020年2月8日，一名奋战在新冠肺炎疫情前线的医护人员为缓解病房的沉重气氛，身穿写有"胡歌老婆"的防护服，拍照并配文发布在微博上，并主动提醒胡歌接收。2月16日，胡歌在微博"翻牌"这名医护粉丝，亲切地称其为"最美丽的小光头"，同时也暖心表示："期待疫情早日过去，期待早日掀起你的'盖头'来。这个名字暂时借你一用，之后记得还给我哦。"这一举动引来用户关注。如果用户在新媒体平台发布与明星、企业等有关的信息，或者点评及转发相关信息等行为得到明星或企业的关注，甚至点赞、转发，这种行为会极大地促进内容的传播，等同于让传播覆盖了明星或企业的粉丝群体。企业或明星回应粉丝的行为往往会引发社会关注，促使二次传播的形成，提升传播的效果。

（四）采取灵活的互动方式，吸引受众参与

1. 投票活动

根据定制的活动主题，设置投票选项，引导受众参与投票活动。投票活动通常能引发受众的主动传播，目的是为受众自己的支持方拉票。

2. 有奖竞猜

竞猜类活动的方式与传统的猜灯谜类似，流程是非常简单的，易上手，受众体验感较好。如猜歌名、猜谜语等，能提起受众兴趣。

3. 有奖征集

设计征集类活动，规则越简单，越容易吸引受众参加，带动受众的分享，活跃整个平台的气氛，如征名、征LOGO等活动。

七 善于借势

生活中人们常说"君子善假于物"，新媒体文案传播也一样。借势传播，就是借助具有新闻价值或社会影响力的事件来吸引消费者、大众及媒体的关注，能在较短时间内提高企业或产品的知名度和关注度。

善于借势

2019年11月，奥迪官方公众号欲在微信朋友圈投放广告，但因为微信平台的误操作，投放了英菲尼迪汽车的广告片。这起广告乌龙让整个汽车行业纷纷借势传播。沃尔沃汽车官方微博首先在微博上"喊话"奥迪："朋友，也帮我们投一个呗。"接着奥迪官方微博及时回复："你的想法我已经了解，稍后给您答复。"接着奔驰、宝沃、吉利、猎豹、广汽三菱、威马等汽车品牌也都出来"刷存在感"。姗姗来迟的另一个主角英菲尼迪汽车的回应更是让网友直呼"爱了，爱了"，它不但在自己的官方微博直接感谢奥迪汽车，更是用自家商标拼成了奥迪汽车商标的样子，而奥迪汽车也直接在英

菲尼迪汽车的评论区暖心回应："Infiniti，是个超级棒的名字，我喜欢叫你'无限'……初冬，愿你遇暖人，饮暖水，我再给你贴一个暖宝宝，爱你的奥迪。如图8-12所示。至此，双方将乌龙事件转化为皆大欢喜的局面。各大企业结合自身品牌定位，也借势狠狠地"蹭"了一波热度，这就是借势进行传播。对于传播者而言，如果善于转化热点就能创造出许多意想不到的传播效果。选择合适的事件是成功借势传播的第一步，事件可以是娱乐新闻、社会事件等，也可以是节日等。

图8-12　各汽车品牌借势宣传

（一）善于利用关键时间点

近几年春节，支付宝集五福活动是利用关键时间点进行宣传的典型案例，整个活动借助了春节、春晚、五福的热点，顺应中国人喜欢热闹、喜庆的心理，最终掀起全民参与热潮。借势节假日是可预知的，所以可以提前做好活动规划、活动准备和活动预热。支付宝集五福活动在春节前二十多天就开始了第一次的预热；接着，活动提前十天上线，给支付宝用户足够的时间收集福字；活动上线至春节当天，支付宝官方又不断地加大宣传力度，甚至提供活动攻略，制造活动的火热氛围；最后，活动在春晚直播时达到高潮。其他时间节点，如情人节、妇女节、七夕节等都是可利用的时间点。需要注意的是，活动形式应与选取的时间点契合，可根据时间点的整体氛围、风俗习惯等进行活动策划。另外,传播者还应准确选择和时间点对应的目标受众。

(二)善于利用热门事件

热门事件,是指那些具有重大影响力、传播度极广、在短时间引发了大量关注和讨论的事件。2016年,第88届奥斯卡颁奖典礼落下帷幕,被中国影迷亲切称为小李子的莱昂纳多凭借在电影《荒野猎人》里的优异表现获得奥斯卡最佳男主角,终结了"陪跑"22年的"噩梦"。中国各大品牌商趁势"蹭"了一波热度。百度外卖文案为"不再让'李'久等",王老吉的文案是"你觉得小李子会上火吗",等等,如图8-13所示。各大品牌迅速地将品牌特性与小李子获奖事件无缝衔接,当时各品牌的相关文案的阅读总量高达15亿,这就是典型的借热门事件推动传播的案例。

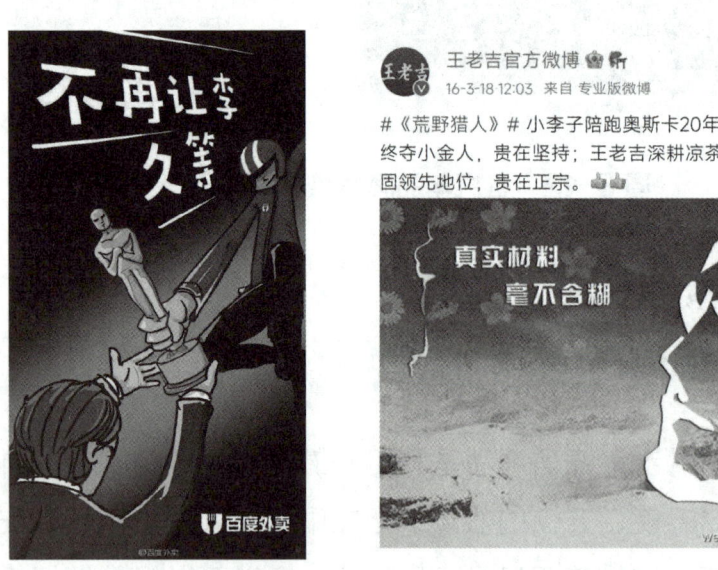

图8-13 各品牌的借势文案

热门事件可以分为可预知事件和不可预知事件。可预知的热门事件包括各种新品发布会、大型的赛事等,其借势方法与借势节假日类似。不可预知的热门事件,就是不能被提前预知的,突然发生的事件。那么如何借势不可预知的热门事件呢?

1. 快速反应

对于突发性热点的传播，时间十分重要。如果是一个早已策划好的活动，而刚好又跟热点搭得上边，传播者可在觉察到热点的第一时间上线活动。如果想利用此热点策划一场借势活动，时间问题也必须优先考虑，尽可能在事件达到高潮时上线活动。

2. 选择正面事件

传播者借势所选的事件必须要符合企业的品牌形象和核心价值。不是所有的热点事件都适合用于借势宣传，应尽量选择正面的，能够给公众传递正确价值观的热点事件。比如浦发银行借势清明节和公众关注的"过劳死"现象，发布了名为《我们的故事从没钱开始》的广告电影，如图 8-14 所示，向公众倡导激情工作，健康生活，多陪家人的生活理念，体现了浦发银行的人文关怀，拉近了与公众的距离，提升了企业形象。

图 8-14　浦发银行文案

（三）善于利用关键人物

一是借名人之势，名人背后拥有成千上万的忠实粉丝，这代表着其本身具备强大的传播能力，借名人之势不仅可以提高人气，而且会获得粉丝群体的支持；二是借资深专家之势，通过资深专家的宣传，能够有效提升文案、活动的可信度，间接增强传播效果；三是借核心粉丝之势，核心粉丝就是那些认可度极高的粉丝，通过他们的转发、留言、点赞，帮助完成口碑传播。2014 年的"冰桶挑战"就是通过借关键人物之势，促成了世界范围内的广泛传播，让更多人关注被称为渐冻症的罕见疾病，达到募款帮助渐冻症患者的目的。

（四）善于借助竞争对手的势头

京东和天猫之战之前闹得沸沸扬扬，京东官方曾在平台上推出"不玩猫腻"的文案，暗指天猫存在卖假货的不良行为，天猫官方接着也在自身平台首页呛声。这便是借竞争对手之势头把矛头指向对方，凸显自己优点的借势方法。

八 善用IP

IP，英文全称为Intellectual Property，指个人或组织对某种智力创造的成果的占有权或产权。在互联网时代，它可以指一个符号、一种价值观、一个具有共同特征的群体、一个自带"流量"的内容。一位艺人、一部小说、一部动漫，甚至一个发型、一个卡通形象都可以发展成为IP。好的IP资源，能锚定用户的情感共振点，并产生源源不断的话题。

善借IP

场景实验室创始人吴声在他的书作《超级IP：互联网新物种方法论》里就写道："在新的应用场景下，消费者不再愿意仅仅为了物品本身的使用价值买单，反而更关注商品带来的情感溢价。"传播语境改变了传统内容的叙事方式，受众越来越重视参与感、体验感和存在感。他们只会爱上跟自己性格标签一致，并且具有高度辨识度的"人"，并在不断地参与，互动中形成品牌忠诚度。

IP对传播的影响极大，一个成功的IP，能让企业和品牌占有市场话语权，使资源从各个环节变现。组织、个人、产品等一旦形成强大的IP符号，就会在各自的领域内具备一种特有的文化属性，这种文化属性会随着深耕、迭代而不断发展壮大。IP通过"虚拟化人格"的方式，让品牌变成了一个鲜活的、个性化的、有人格魅力的个体。IP的塑造是一个长久的过程，需要时间的沉淀、受众的逐渐认可及粉丝群体的不断形成。可从以下四个要点塑造IP。

（一）人格化定位

新媒体时代的许多事物都已经被人格化。人格是全新的商品物种和价值载体。只有用鲜明的、人格化的情感塑造，才能让受众的情感找到释放的出口，因此很多新媒体传播者都致力于设立自己独一无二的人设，如"毒舌电影"等，受众更愿意关注一个有感情、有温度的账号。在内容为王的时代，建立起丰满的虚拟化人格是传播的核心竞争力，差异化的定位、独特的个人形象、清晰的人格辨识度都是受众能够辨识且记住的特征。

（二）赋予 IP 内涵

一个 IP 的角色是其核心资产。而衡量一个角色成功的指标分外在形象和内在形象两部分：外在形象，指的是 IP 辨识度，也就是 IP 的"外表"；内在形象，指 IP 的"心灵投射"，即 IP 的价值、情感等取向。只有赋予 IP 内涵，IP 才会显得鲜活。传播者在塑造 IP 的时候要基于企业、品牌的价值观、定位、受众等。另外，塑造的 IP 形象应稳定，一以贯之，不能性格多变，只有长久坚持才会让 IP 形象越来越清晰，达到深入人心的效果。IP 形象可通过组合多种符号要素变化外在形象，从而保持新鲜感，但 IP 的内涵不可轻易进行大的变动。

（三）打造 IP 故事

打造 IP 离不开故事的支撑，故事让 IP "有血有肉"、鲜活丰满。传播者利用 IP 形象讲故事，讲关于企业和企业文化的故事，让 IP 形象成为有故事的"人"。当 IP 充满了文化内涵，IP 就具备了传播力。

好的故事让人过目不忘，产生心灵共鸣，尤其是以创始人、品牌、合作伙伴、创业、奋斗、敬业、感恩为主题的正能量故事。如创始人故事是近年来被广泛使用的品牌人格化的方式之一。创始人是具象而鲜活的，他们的气质和性格往往会渗透到企业、品牌中去，用创始人的人格来打造故事最容易被受众接受。故事要充分融入情感，设计故事时必须遵循真实性、趣味性和独特性的原则。

（四）坚持内容的长期输出

有了清晰且独特的 IP 形象之后，还需要通过长期稳定的优质内容输出才能推动 IP 持续传播。内容跟受众的关系可分为三个方面：有用的内容，可以给受众提供知识、技能、眼界等，这是内容的基础价值；有趣的内容，可以与他人分享，甚至形成谈资；有感染力和价值观的内容，能帮助受众找到价值观相同的其他受众，帮助受众更好地改变自己。总体而言，不管选择从哪个方面创造内容，内容的大致方向和价值观应该是稳定的、有辨识度的。

九　"病毒式"传播

假如 1 个艺人 A 的粉丝每天在微博上发布一条艺人 A 的动态，会有 2 个陌生人转化为艺人 A 的粉丝，请问 10 天后会有多少艺人 A 的粉丝呢？第一天有 2 个人变成粉丝，总粉丝数为 3，第二天又有 2 个新粉丝发布艺人 A 的动态，会有 4 个人变成粉丝，总粉丝数为 7，以此类推，粉丝数呈裂变式增长，到第 10 天的时候，艺人 A 的总粉丝数为 2047。

这种"病毒式"增长通过"人拉人"形成正反馈循环。"病毒"的传播系数和传播周期十分重要，参与人数越多，"病毒"传播越快。一条信息在群里可以利用指数式增长的力量，快速实现一分二，二分四的传播效果，而且通过这样的裂变产生的新受众，又将成为下一次裂变的种子。这样，信息可以在瞬间传播开来。这种"病毒式"信息传播实现了受众数量的滚雪球式增长。

随着获取"流量"的成本越来越高，各大企业都在尝试低成本传播的方法，其中最有效的方式之一就是利用滚雪球效应。当然，要想达到"病毒式"裂变传播的效果，必须满足受众的传播动机，提供利益诱惑或社交货币，并且在"病毒式"传播链条中的每个环节降低受众决策的门槛。

（一）受众"病毒式"增长的要素

受众"病毒式"增长的关键在于传播的内容，只有文案吸引力强或者附加值丰富的产品才能触发受众的传播动机，打动人是"滚雪球"的源头。

1. "病毒"必须有吸引力

不管"病毒"最终以何种形式呈现，它都必须具备基本的"感染基因"。也就是说，传播的内容，或有趣，或有价值，或迎合了社会热点，只有这样，才能触动更多用户的内心，让受众失去"抵抗力"，产生主动传播的欲望。同时，要使内容迅速地大规模传播，在传播流程上要清晰、流畅、简单，让受众看一眼就知道如何操作，否则目标受众就会丧失主动传播的热情，导致传播效果减弱，传播链中断。

2. 找到易感人群

易感人群也就是早期的内容接受者，他们是产品或者服务最有可能的传播者。主题社区是寻找易感人群的最佳平台。如英语学习账号的易感人群可到英语学习社区寻找。

3. 选准初始传播渠道

初期的传播一定要借力外部渠道和资源，选择强有力的宣传推广渠道，这是实现一级传播的关键所在。如与"流量"较大的渠道开展合作，或使用第三方付费推广工具等。

（二）常见"病毒式"传播的方式

受众通过传播内容获得利益，这是信息在社交网络中实现"病毒式"传播的基础。我们主要介绍目前实用的四种低成本"病毒式"传播方式。

1. 测试类传播方式

测试类活动利用人的社交天性让受众自发传播。很多人都喜欢通过这类测试给自己贴标签，或是寻求他人的认同和肯定。不管测试结果正确与否，大家都乐此不疲，并且乐于向其他人分享，展示自己独特的个性。某平台的人格报告曾经一度"刷爆"微信朋友圈，其核心就是利用了受众的这种心理。

2. 任务宝传播方式

任务宝活动是指通过奖品吸引受众参与活动，机制是受众邀请好友参与活动，获得积分，邀请的人数越多获得的积分越多，当攒够一定的积分后，就能兑换相应的礼品。因为活动规定受众必须要邀请足够好友，因此活动成本可控。

任务宝活动的核心逻辑是健身房逻辑，在健身房办理年卡的顾客有些最终只消费了几次，大量的权益未被使用，这部分权益相当于健身房毫无成本的收入。任务宝的逻辑也如此，受众的原定邀约任务为15人，但若受众只邀请了部分人员就停止邀约，那么受众无法获得相应的奖品或积分，但他们已经邀请到的人员确实为平台带来了额外收益。

活动还可以设置阶梯奖励，受众达到不同目标可得到相应的礼品，这会使得受众的传播欲望更加强烈。

3. 分销社交裂变传播方式

现在的分销社交大致有如下四种方式：受众接收讯息，点击参与助力"拼团"；参与活动的受众生成个人专属链接，其他受众通过此链接扫码生成分销内容；受众下载注册某一特定的软件，输入特定邀请码；受众不需要付出任何的现金，不需要下载和注册，只需分享，就可以免费获得一些奖励。概括起来就是拼团裂变、助力裂变、邀请裂变、分享裂变，外在表现是一种"上家拉下家获取佣金，下家继续升级，上家再拉下家"的循环形式，本质上是一种受众增长策略。

4. "打卡"分享传播方式

"打卡"分享就是让受众参与某个周期性活动，把活动内容分享到微信朋友圈或者社群，其他受众通过该通道关注平台账号，再参与活动，从而实现周而复始的循环。这种传播的核心逻辑是利用受众维护自己社交形象的社交货币心理，让受众把参与的内容积极地分享到微信朋友圈，通过日常的"打卡"行为维护自己的社交名片。

利他驱动传播

互惠式的利他行为是社交网络的核心。企业要想成功必须有利他思想，未来的经济一定是利他主义的经济。在社交网络中，互惠是最常见、最基础的现象和行为。人们通常会天然亲近于帮助自己的人，因此，不仅受众对互惠活动的参与度、传播意愿会增强，媒体对此类有公益性、利他性的话题也存在天然的传播喜好。

互惠行为的背后是利益交换，常见的互惠方式包括推荐式分享和邀请式分享。如某外卖平台的红包，拼团海淘，接力跑抢油卡，朋友助力抢火车票，请朋友喝咖啡等互惠活动，让用户之间在传播和分享的基础上达到互惠互利的效果。除实用利益外，受众也常常传播一些励志、技能学习、正能量故事等主题的文案，希望自己的朋友能从中受益，如"注意了，明天开始限号""每天做3件事，一年不得一次病"，这一类属于精神层面的互惠，也属于利他思维的运用。

帮受众说出他们想说的话也是受众主动传播文案的重要驱动力之一。在中国文化的影响下，含蓄地表达是一种社交技巧，尤其在表达不方便直接讲出的内容时，人们喜欢通过借喻、引用的方式，让自己的意图听起来没有那么明显，也让对方更容易接受。新媒体时代，受众通过分享转发的形式就能够达到含蓄表达的效果，如员工转发"22个月无休猝死，员工都是被企业逼走的"给老板看，老板转发"你在为自己工作"来督促员工；女性转发"好男人的4个标准"以让伴侣更好的对待自己，男性也会转发"做男人真难，一个中年男人的不易"向伴侣诉苦。这种方式降低了转发目标的指向性，让转发者产生可以更好掩盖自己意图的感觉，可以避免直接冲突带来的尴尬。

十一　全媒体矩阵传播

矩阵，即方阵，最早是数学用语。在新媒体传播中，矩阵是指多平台运营，目的是最大限度地曝光和传播内容。在新媒体时代，多种渠道、多种媒介的融合构建出的全媒体传播矩阵能够共享受众资源，扩大传播的覆盖面，提升传播的效果。即一个内容拥有多处出口，从而保证传播的广泛性和有效性，最终将粉丝引流到某一新媒体平台中，最终实现变现的目标。

全媒体包括广播电视、报纸报刊等，但本书主要聚焦于网络媒体。构建全媒体矩阵的网络平台有微信、微博、百度贴吧、QQ空间、豆瓣、知乎、今日头条、抖音、快手等。微信主要包括微信企业号、服务号、订阅号、微信群和个人朋友圈，一般用于粉丝运营，包括粉丝互动、产品信息发布、活动发布和引导购买渠道等工作。微博作为发声平台，主要用于产品信息发布推广、粉丝互动、短期重点"引爆"、长期品牌运营等工作。百度贴吧适合用于外围单点聚焦，引发产品的深度讨论等工作。QQ空间适合用于高性价比产品品牌的引导宣传和产品的互动传播等工作。今日头条适合用于领袖发声、权威解读等工作。豆瓣适合用于强化品牌形象等工作，可配合"深耕"阵地，形成口碑"病毒式"传播。知乎适合用于某个领域的深入探讨，软性推动口碑传播的工作；抖音、快手适合用于制作娱乐性短视频的工作。

当一个微信公众号的用户群体数量变得庞大（如几十万）时，搭建矩阵是非常有必要的。搭建矩阵可以进一步细分用户群体，根据不同用户群体制定相对应的运营策略，进一步促进用户增长。下面以一公众号矩阵建立路径为例介绍微信矩阵的建立。

首先，需要先了解相同领域里的头部大号的运营策略，调研他们的矩阵构成，他们的用户群体有什么特征，为满足不同用户的需求主要做着哪些不同的活动，等等。

其次，要进行本公众号建立矩阵的可行性分析。一是根据粉丝数量和本公众号运营时间等因素，判定本公众号是否处于成熟期，是否稳定，从而判断本公众

第八章 新媒体文案传播技巧

号是否适合建立矩阵。二是从用户体量、运营经验、合作伙伴等内外部的资源，以及性别比例、年龄划分、族群分布等用户群体特征，判断本公众号是否适合做微信内矩阵。三是通过流量需求分析，判定本公众号的用户增长是否进入瓶颈期，是否需要平台引入更大的流量，以及是否需要寻找多种变现途径，从而判断本公众号是否需要做外部矩阵。

某公众号搭建出"订阅号—服务号—小程序"三位一体的完整服务与转化路径，实现了"用户阅读文案——增强信息感——有购买意向——进入小程序购买"的闭环。该公众号建立的新媒体矩阵体系如表8-1所示。从表中可以看出，该公众号已经覆盖了目前的主流平台，但入驻各主流平台的时间及针对各主流平台的运营力度有所不同。先入驻社交类主流平台，然后延伸到垂直领域平台，最后拓展到音频和视频类平台以吸引流量。

表8-1 某公众号的新媒体矩阵体系

平台	属性	分类				运营对象	主要目的
微信内矩阵	品牌账号	微信公众号	****	服务号	****	90后 大学生 都市青年	品牌建设 活动宣传
			****		****		
			****		****	科技爱好者	传播活动资讯
			****		****	中学生	知识付费
	商业变现		****	小程序	****	都市青年	商业变现
			****		****	美食科普爱好者	
			****		****	职场白领	
外部矩阵	品牌账号	官网		音频	****	社会各界	品牌建设
		官方软件			****		
					****	科技爱好者	品牌建设 活动宣传
		视频	****	图文	****	90后	
			****		****	中学生	
			****		****	大学生	
			****		****	社会青年	
			****		****	职场白领	

全媒体矩阵可从三个层面构建。

第一，官方自媒体矩阵。微博可作为发声平台，肩负产品信息发布，粉丝互动，短期重点"引爆"，长期品牌运营工作；微信可负责产品信息和活动发布、长期粉丝运营和引导购买渠道等工作；今日头条可负责领袖发声、权威解读等工作；豆瓣可负责强化品牌形象、深耕阵地、形成口碑"病毒式"传播等工作。知乎和百度百科负责专业领域的深入探讨、软性推动口碑传播、沉淀专业粉丝等工作。如某电子产品公司，把微博作为信息的扩散地，利用微博来传播公司活动，发布新品等，通过自有论坛来沉淀忠实客户，用微信个人号来服务客户，用微信公众号来传播品牌价值信息。传统的媒体也在布局全媒体矩阵。如2019年两会期间，黑龙江电视台构筑"广播电视+网络、APP、微信、微博+微信小程序、短视频等融媒体产品项目"的多元传播格局，使新闻轨道前移，强化了互动体验。

微信公众号推送策略

第二，专业矩阵。一方面由所处产业、行业领域的专业人士构成发声矩阵，专业人士对产品、品牌进行评价、分析；另一方即由知乎、豆瓣等平台的专业写手、知名作者对产品、品牌进行点评。这些分析、点评的观点应相互印证、相互支持，以达到提升产品、品牌口碑的效果。

第三，影响力矩阵。主要由艺人、大V等组成，他们的特点是拥有大量的粉丝，能够使信息得到快速关注。

本章小结

本章主要介绍了推动新媒体文案传播的方法，包括制造话题、巧用活动、紧抓时效、调动感官、培育口碑、互动传染、善于借势、善借IP、"病毒式"传播、利他驱动传播、全媒体矩阵传播。通过学习，读者应加强对新媒体文案传播的理解，掌握传播方法，能够在实践中运用所学方法策划、组织和开展新媒体文案的传播。

第八章 新媒体文案传播技巧

> **思考**
>
> （1）新媒体文案传播的方法包括哪些？
> （2）各种新媒体文案传播的方法应如何实施？

> **实训**
>
> 请自选一个品牌并为这个品牌撰写新媒体文案传播策划方案。

第九章
新媒体文案传播工具

学习目标

- 根据新媒体文案传播的不同需求，认识不同的传播工具。

能力与思政目标

- 掌握不同新媒体传播工具的基本操作。
- 能够借助新媒体传播工具开展新媒体传播工作。
- 遵守新媒体文案传播法规，防止出现侵权行为。

课程导入

小张正在为公司的文案做推广，但是文案阅读量迟迟没有上升，小张想借助一些新媒体传播工具推动工作。

思考：如果你是小张，你知道有什么工具可以使用吗？

第九章　新媒体文案传播工具

新媒体文案创作完成之后面临着传播的问题，如果文案没有得到有效的传播，那么文案的大部分目标都无法实现。文案创作主要依赖个体完成，但是文案传播不能单纯依赖一己之力。市面上能够帮助我们进行文案传播的工具较多，本章主要介绍一些主流工具，帮助新媒体传播者学习如何借助第三方工具提高工作效率。

一、数据搜集分析工具

调研是设计传播方案的基础，调研结果决定了新媒体传播者使用何种方式投放文案，寻找何种目标群体，如何调整传播方向等。

（一）运营数据统计分析工具

新媒体传播者对运营数据进行统计分析能够准确把握运营和传播的效果。运营数据包括文案传播路径、受众的群体特征（地域、年龄、性别等）、阅读文案的时段分布、文案的变现情况等。根据数据分析的结果，新媒体传播者可以制定并调整运营策划，设定传播方向，使传播变得更加聚焦，提升工作效率。典型的运营数据统计分析工具有清博大数据、微指数、新榜等。

1. 清博大数据

清博大数据提供了公众号估值、公众号考核等丰富的数据统计分析工具，如图9-1、图9-2所示。

图9-1　清博大数据的功能（一）

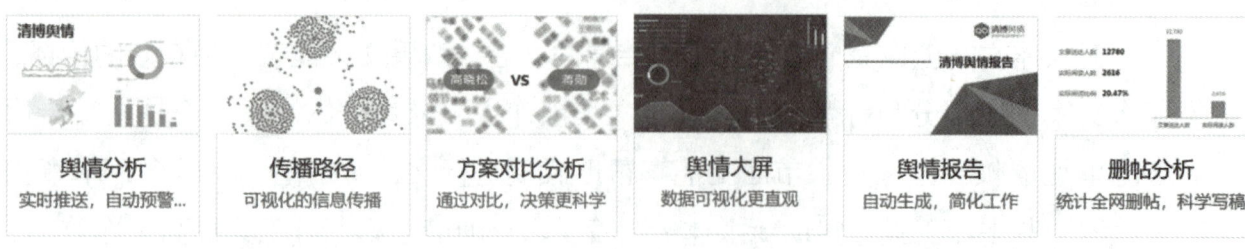

图 9-2　清博大数据的功能（二）

2. 微指数

微指数能够实时捕捉当前社会热点事件、热点话题等，快速响应舆论走向，对政府、企业、机构和个人的舆情研究提供重要的数据服务支持。微指数提供了指数趋势对比功能，可将不同的热点关注度进行对比，并且能够按照 1 小时、24 小时、30 天、90 天等不同时限进行对比，如图 9-3 所示。

3. 新榜

新榜数据咨询以全平台新媒体内容数据为基础，为传播提供多样化的数据支持，如图 9-4、图 9-5 所示。

图 9-3　微指数功能展示

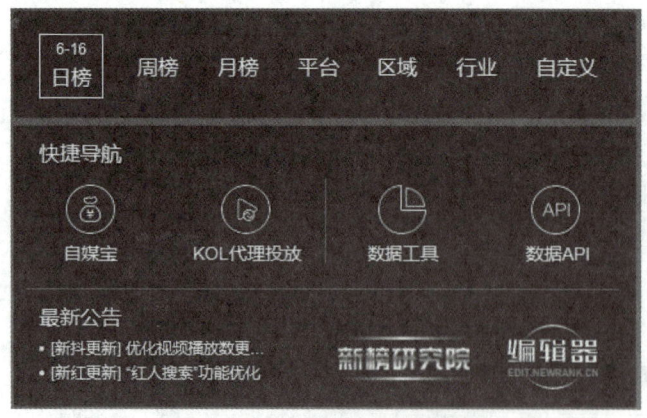

图 9-4　新榜界面展示

图 9-5　新榜数据服务

(二)产业、行业数据搜集工具

对产业、行业的数据进行搜集与统计有助于新媒体传播者了解、熟悉产业、行业的发展态势,从而策划新媒体传播方案。新媒体传播者可以使用艾瑞咨询、大数据导航网、百度指数、友盟指数等工具获取行业发展数据。

1. 艾瑞咨询

艾瑞咨询不但能够为客户提供市场竞争监测、消费者洞察、营销决策、企业精细化运营等方面的数据,而且能够提供产业研究服务,定期发布研究报告,包括媒体文娱、广告营销、游戏行业、视频媒体、消费电商、电子商务、消费者洞察、旅游行业、汽车行业、教育行业、企业服务、网络服务、应用服务、AI大数据、人工智能、物流行业、金融行业、支付行业、房产行业、医疗健康、先进制造、能源环保、区块链等产业的研究报告,如图9-6所示。另外,艾瑞咨询还能提供行业发展报告,如图9-7所示。

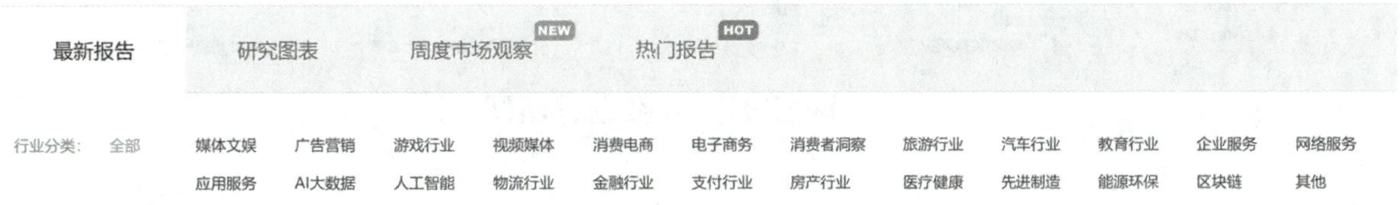

图9-6 艾瑞咨询涉及的产业

图9-7 艾瑞咨询提供的行业发展报告

2. 大数据导航网

大数据导航网提供了多样化的链接，帮助新媒体传播者快速寻找相关产业、行业数据平台，如图9-8所示。

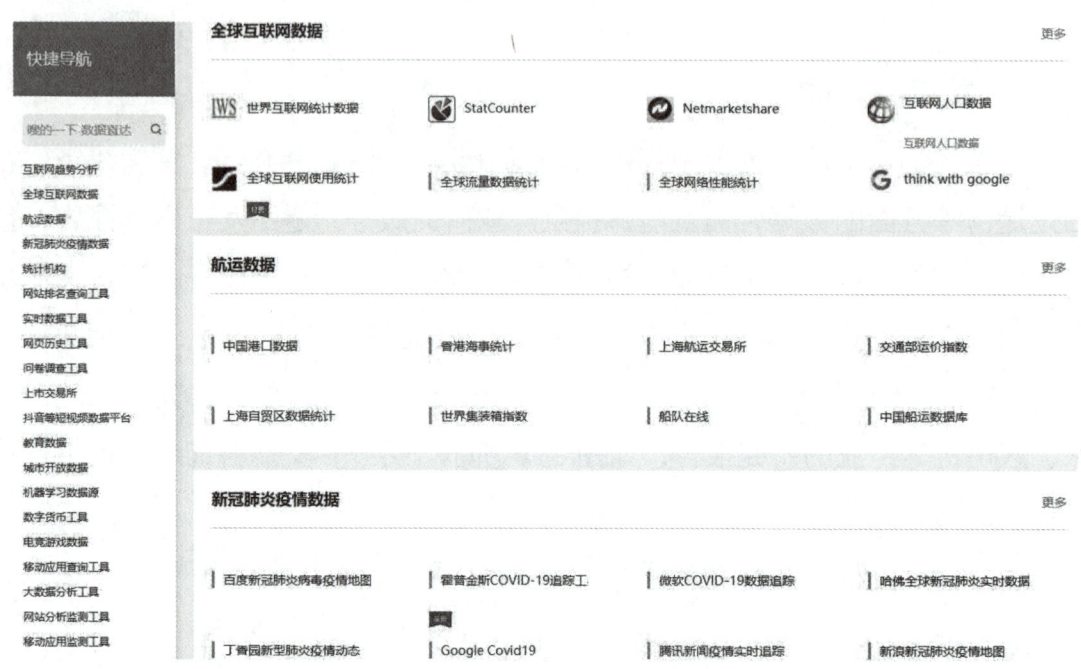

图 9-8　大数据导航网

3. 百度指数

百度指数按照产业、行业分类提供了相关品牌搜索指数、资讯指数的排行和排行变化的趋势，反映品牌在产业、行业中的排行和变化趋势，如图9-9所示。

汽车行业排行 AUTOMOBILE		手机行业排行 MOBILE PHONE		化妆品行业排行 COSMETIC		房产行业排行 REAL ESTATE	
搜索指数排行	资讯指数排行	搜索指数排行	资讯指数排行	搜索指数排行	资讯指数排行	搜索指数排行	资讯指数排行
1 大众	4,188k —	1 IPHONE	19,063k —	1 迪奥	393k —	1 恒大	321k —
2 吉利	3,038k —	2 华为	6,647k —	2 香奈儿	347k —	2 碧桂园	288k —
3 丰田	2,968k —	3 小米手机	3,444k —	3 雅诗兰黛	291k —	3 万科	253k —
4 本田	2,824k —	4 OPPO	2,684k ↑	4 兰蔻	254k —	4 保利	167k —
5 奔驰	2,507k —	5 VIVO	2,232k ↑	5 圣罗兰	205k —	5 万达	156k —
更多汽车行业榜单 ›		更多手机行业榜单 ›		更多化妆品行业榜单 ›		更多房产行业榜单 ›	

图 9-9　百度指数

4. News Mine

News Mine 是一个新闻搜索工具，能够帮助新媒体传播者迅速锁定相关行业、产业的新闻，如图 9-10 所示。

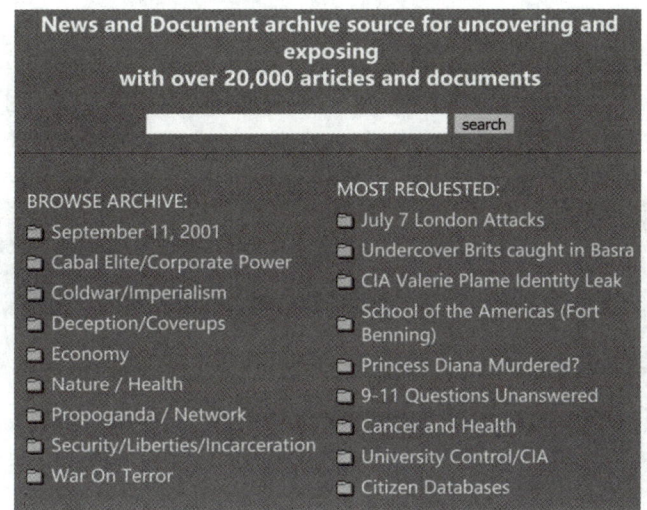

图 9-10　News Mine

5. 友盟指数

友盟指数主要针对互联网产业、行业趋势进行分析，帮助新媒体传播者洞悉互联网发展态势，如图 9-11 所示。

图 9-11　友盟指数

（三）文案传播检测、分析工具

以微博文案为例，知微、独到科技、PKUVIS 微博可视化分析、WEBinsight 微博分析、Gooseeker 集搜客等工具可以从不同的视角分析微博文案传播效果。其中，知微的功能较为全面，代表性较强。

知微提供总览、传播分析、用户分析、传播引爆点、短链分析、水军分析、内容分析等微博传播分析结果，可视化效果良好，如图 9-12 至图 9-18 所示。

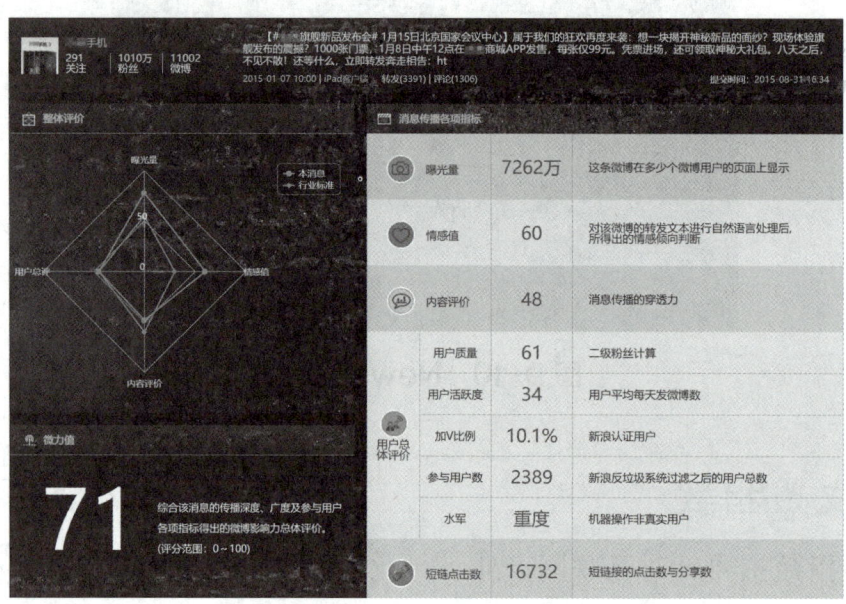

图 9-12　知微总览界面

图 9-13　知微传播分析界面

第九章　新媒体文案传播工具

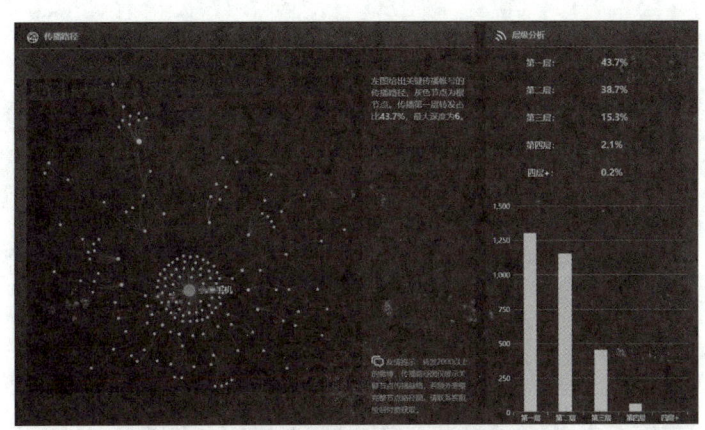

图 9-14　知微传播路径界面

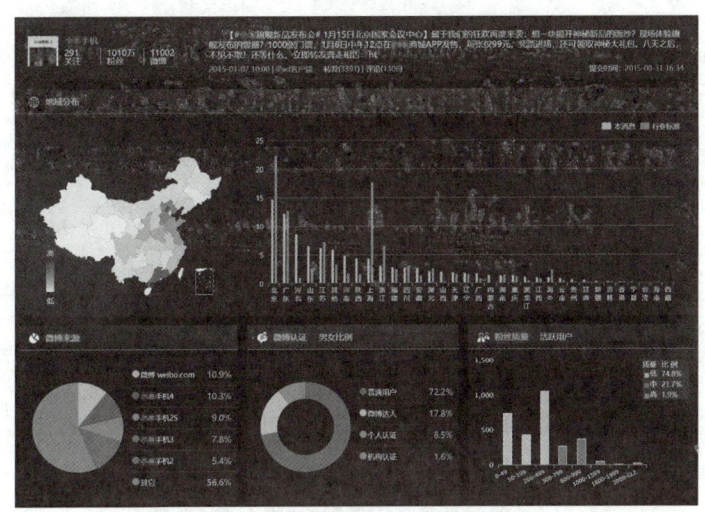

图 9-15　知微用户分析界面

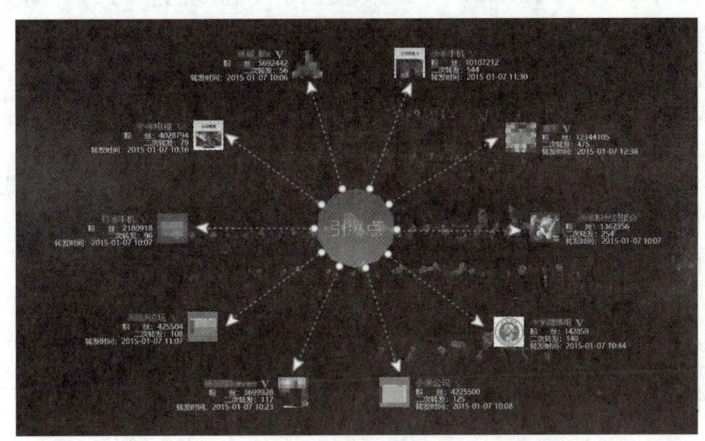

图 9-16　知微传播引爆点界面

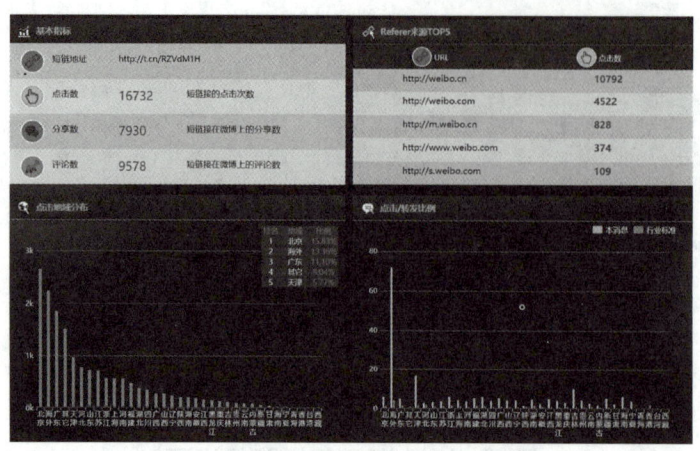

图 9-17　知微短链分析界面

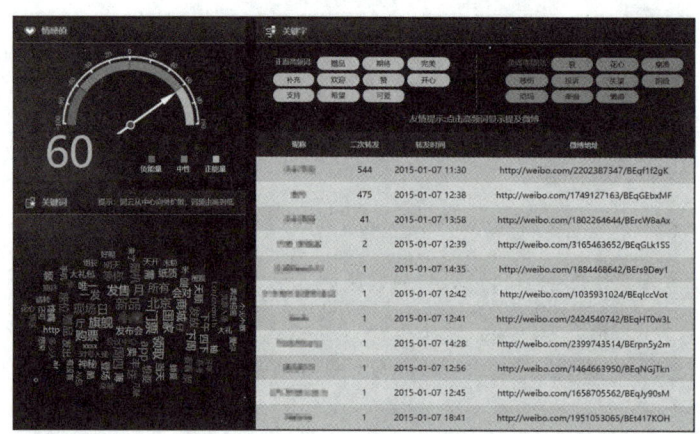

图 9-18　知微内容分析界面

针对 H5 形式的文案，则可以使用数说故事（Data Story）、Talking Data、Target Social、Social Master 等工具进行传播统计与分析。数说故事功能较为全面，本书主要以数说故事为代表介绍这类工具的功能。

数说故事主要针对 H5 形式的文案的传播进行追踪与分析，其提供的监测维度较全，涵盖 PV、UV、分享数等实时更新的基本传播数据，也囊括了 PV 来源、分享去向、访问时间、访客画像等深度传播数据。该工具具有操作简单、页面简洁、实时性高、行业覆盖面广的特点，且能够通过可视化的方式实时反馈 H5 形式的文案的传播情况，如图 9-19 所示。

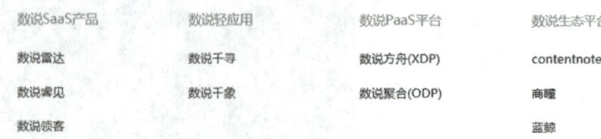

图 9-19　数说故事的功能

第九章　新媒体文案传播工具

二　传播热点搜集与分析工具

如果新媒体传播者善于利用热点，那么文案的传播效果就会得到提升。因此，新媒体传播者平时应注重热点的挖掘、积累，确保文案传播有热点支持。新媒体传播者可以利用知微事见、百度热搜等工具搜集热点。

传播热点搜集与分析工具

（一）知微事见

知微事见是一个热点事件分析工具，除了可以让传播者自行搜索热点事件外，还设置有事件库提供传播者浏览，展示近期的热点事件。值得注意的是，只有短期内有高传播量或长期保持传播量的事件才会被收录进知微事见。

对于热点事件，知微事见会给出事件影响力指数，这一指数评估的是该热点事件的影响力。传播者点开具体热点事件，可以获知该事件概述、在舆论场中的排名、事件热度变化、媒体参与情况、传播渠道、重要舆论观点、人群画像等详细信息。如图9-20所示。

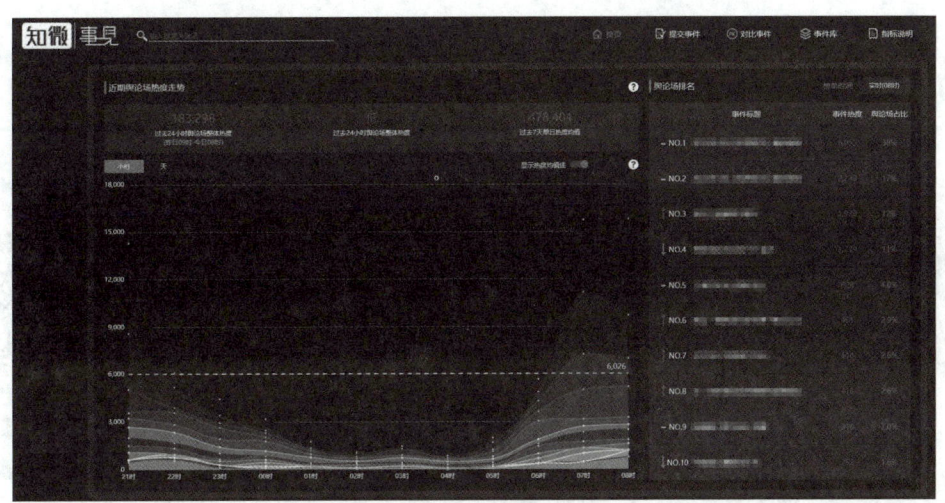

图9-20　知微事见首页展示

（二）百度热搜

百度热搜设立了实时热点、七日关注、今日上榜等热点板块，而且还根据电影、电视剧、综艺、动漫、小说、游戏、人物、汽车、生活及科技等类别进行热点话题排行，甚至还根据地域、人群（性别、年龄阶段）等对热点进行了区分，如图9-21所示。

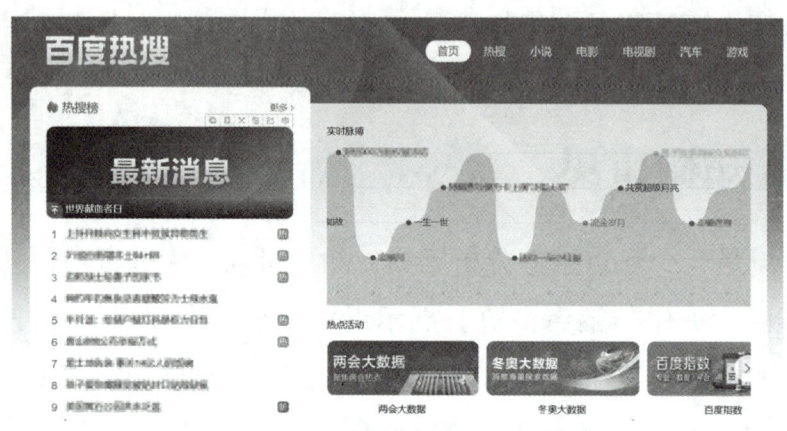

图9-21　百度热搜首页展示

三　新媒体裂变传播工具

新媒体裂变传播工具

（一）社群裂变传播工具

社群裂变传播指的是通过一定的营销手段促使社群用户推动传播，实现用户数量的增加。

社群裂变传播的基本方式是建立奖励机制，让用户通过海报上的二维码加入社群，经话术引导，令用户二次转发海报并获取奖励。

社群裂变传播的流程包括以下几步：

第一步，用户看到某张海报（海报承诺入群提供免费福利）；

第二步，用户扫码入群；

第九章 新媒体文案传播工具

第三步，根据群提示语分享一定的内容到其他群或微信朋友圈；

第四步，将分享的记录提供给群管理员审核；

第五步，群管理员给审核通过的用户发放福利。

社群裂变传播需要借助一定的工具，包括二维码、群机器人及粉丝裂变海报等。用户通过扫描群活码可以关联 5 个企业微信群，每个群最多能容纳 1000 个通过扫描群活码入群的成员。群机器人可以发布新人入群欢迎语，指引语和检测语，大大减轻人工审核的压力。粉丝裂变海报能够通过设置活动"诱饵"，引导成员邀请好友参加活动。有机云是一个帮助社群裂变传播的好工具，提供群机器人服务，可以将群机器人设置为与管理员同微信号，还可以自动将群内成员添加为管理员的好友，还具备设置关键词回复等功能。另外，还可以使用爆汁裂变、建群宝等工具实现以上功能。米多客能够提供粉丝裂变海报服务，帮助新媒体传播者实现裂变式传播，有机云和米多客相关功能如图 9-22、图 9-23 所示。

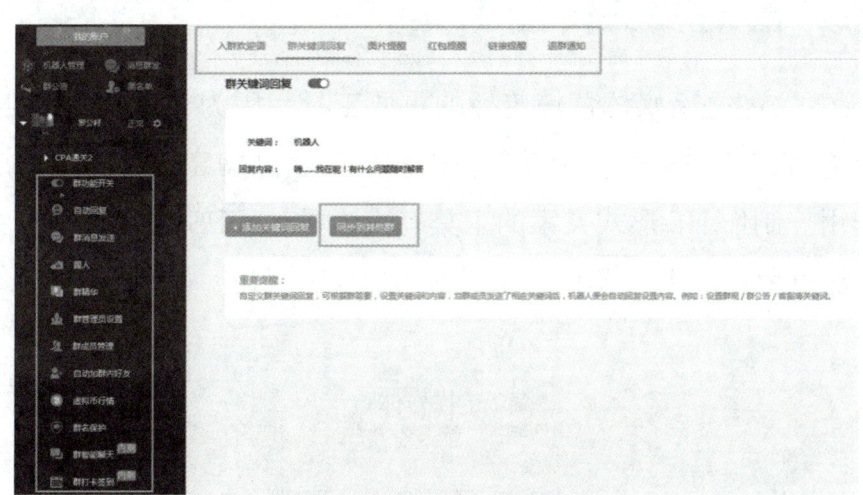

图 9-22 有机云管理界面

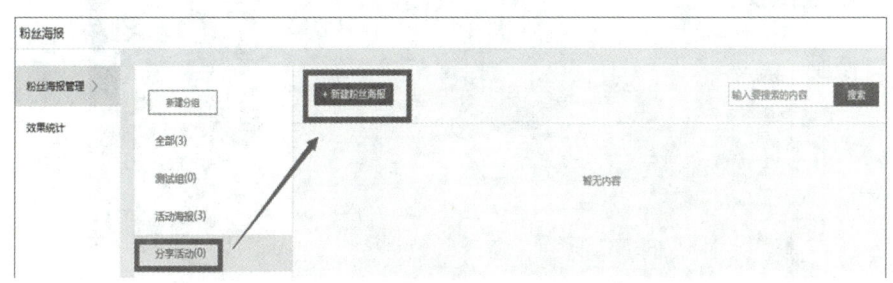

图 9-23 米多客粉丝裂变海报制作界面

（二）微信公众号裂变传播工具

微信公众号裂变传播指的是通过扩散公众号的内容吸引用户，实现用户增长。

微信公众号裂变传播的流程包括以下几步：

第一步，用户看到某张海报（海报承诺关注微信公众号提供免费福利）；

第二步，用户扫码；

第三步，用户关注微信公众号；

第四步，微信公众号提示需要完成的任务；

第五步，用户完成任务；

第六步，用户获得奖励。

能够协助新媒体传播者进行微信公众号裂变传播的工具较多，如乙店、任务宝等。这些工具能够帮助新媒体传播者设置活动，管理活动，从而促进传播。

（三）营销裂变传播工具

H5形式文案是新媒体营销传播的重要工具，因为H5形式美观，易于分享，且具有能跳转链接的特点，所以它在内容传播、品牌宣传、营销推广等方面具有独到的作用。制作H5形式文案的工具有人人秀、WPS秀堂、易企秀等。这些工具部分功能可免费使用，操作十分简单，全程可视化，如图9-24所示。

图9-24　人人秀操作界面

第九章　新媒体文案传播工具

人人秀提供了丰富的图文模板，而且能够在 H5 形式文案中植入抽奖、微信投票、微信红包等内容，如图 9-25 所示。

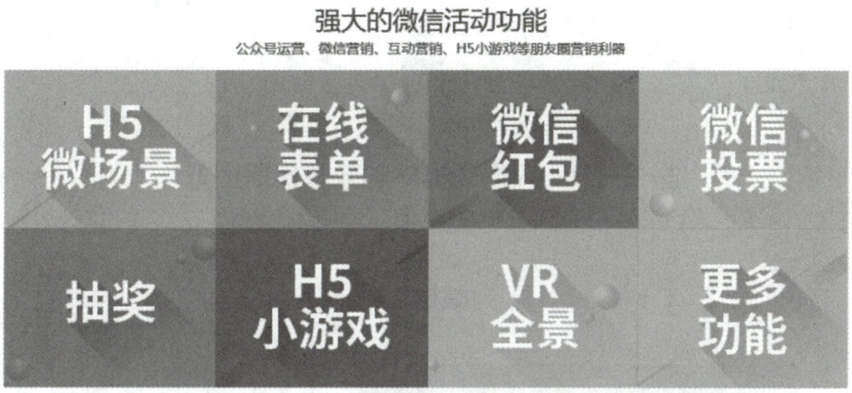

图 9-25　人人秀功能展示

人人秀还根据产业、行业为用户提供了营销传播解决方案和传播服务、传播案例，如图 9-26 至 9-28 所示。

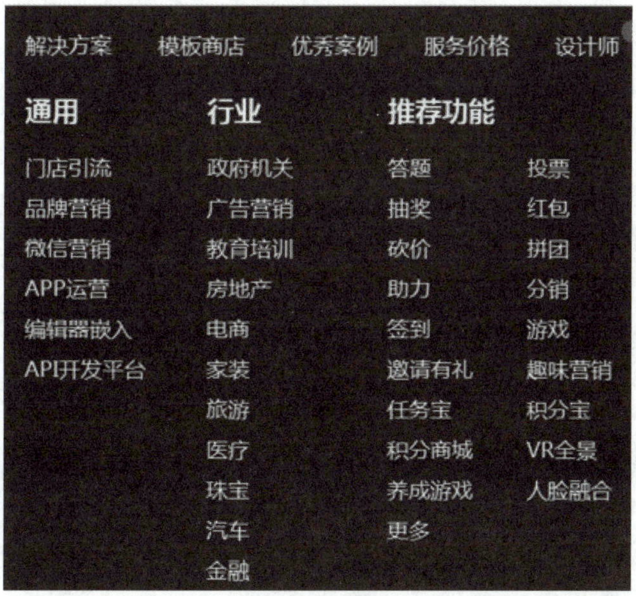

图 9-26　人人秀提供的营销传播解决方案

图 9-27　人人秀提供的分享传播服务

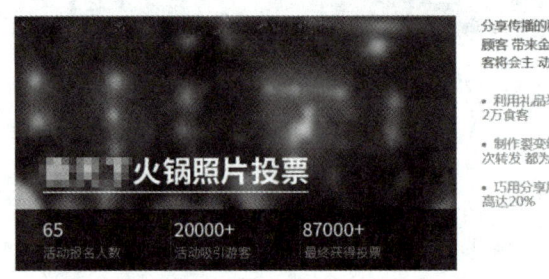

图 9-28　人人秀分享传播案例

（四）互动裂变传播工具

互动是新媒体时代的基本内涵之一，借助互动可有效地推动传播。典型的互动裂变传播工具如抽奖助手小程序，其可以发起抽奖活动，可以通过用户 ID 与微信公众号绑定，从而将小程序植入文案，增加文案的互动性，从而将利益与趣味相结合，促进文案传播。

（五）联动传播工具

多群信息管理工具是典型的联动传播工具，它能够帮助管理员在多个群里同时发送信息，提升信息的传播效率，营造多群联动的氛围，促使传播在短时间内达到最佳效果。一起学堂工具也能够实现联动传播，其工作流程是管理员在主群里发出信息，随后联动传播工具将信息分发到各个群，工具支持语音、文字、小程序、链接、图片及文件等多种信息的分发。

第九章 新媒体文案传播工具

联动传播工具还有壹伴助手等，壹伴助手能够一键同步公众号内容到今日头条、百家号等其他新媒体平台，扩大传播的覆盖面。

新媒体文案传播工具能够助力新媒体工作，提升工作效率和效果，但需要注意几个问题。一是避免本末倒置。高质量的内容是传播的基础，足够优秀的内容能够促进受众的主动传播，而劣质的内容虽然能够依赖传播工具取得一定的传播效果，但是难以深入人心，甚至反而可能会对企业、品牌、产品等造成伤害。二是新媒体传播工具种类繁多，新媒体传播者应根据实际需求进行选择使用，一方面要达到传播目的，另一方面要合理控制传播成本。三是新媒体传播工具在互联网技术的发展中会不断推陈出新，新媒体传播者应时刻关注新技术的涌现，利用新技术使文案达到更好的传播效果。四是新媒体传播者需不断学习新媒体传播工具的具体操作，做到熟能生巧。

本章小结

本章主要介绍了新媒体文案传播工具的类型，包括数据搜集分析工具、传播热点搜集与分析工具及新媒体裂变传播工具三大类，帮助读者初步认识不同传播工具的功能、作用、适用场景等。

(1) 新媒体数据搜集分析工具有哪些？可以实现什么效果？

(2) 新媒体传播热点搜集与分析工具有哪些？可以实现什么效果？

(3) 新媒体传播裂变工具有哪些？可以实现什么效果？

> **实训**
>
> 以小组为单位,试用一个新媒体文案传播工具,分析其能实现的效果,讨论其对新媒体文案传播的作用并思考这个工具有哪些需要改进的地方。